Filippas Engel

Aus den Tagebüchern von **Filippa Sayn-Wittgenstein**

Herausgegeben von
Alexander und Gabriela Sayn-Wittgenstein
und Vittorio Mazzetti d'Albertis

Don Bosco

Bibliografische Information Der Deutschen Bibliothek

Die Deutsche Bibliothek verzeichnet diese Publikation in der Deutschen Nationalbibliografie; detaillierte bibliografische Daten sind im Internet über http://dnb.ddb.de abrufbar.

2. Auflage 2003 / ISBN 3-7698-1437-1

Umschlag und Layout: Margret Russer
Umschlagfoto: Cosimo Bargellini
Umschlaggrafiken: Filippa Sayn-Wittgenstein
Satz: Don Bosco Grafischer Betrieb, Ensdorf
Produktion: Heichlinger Druckerei, Garching

Gedruckt auf umweltfreundlichem Papier.

Die Herausgeber führen die Tantiemen des vorliegenden Buches der Stiftung »Filippas Engel« zur Unterstützung von Kindern und Jugendlichen zu.

DON BOSCO
VERLAG

And I can see the future:
There is no death, cause you and I,
we're ANGELS *…*

11. XII 1991...

Ich habe mich entschlossen,
da ich ja viel zu lang nur
Kokolores schreibe, mich
jetzt auf mehr Qualität
als bloß kokolore Quantität
zu beschränken. Heute war
die Jahreshauptversammlung
d. KChores St. Marien. Ich
bin jetzt schon über 2 Jahre
Mitglied, gut gell. Morgen
werden um 2.00h meine
Fäden (endlich) gezogen.
Zur Zeit ~~[illegible]~~ hängt die
Vorstellung eines eventuellen
Schiwochenendes am Stubai
Gletscher noch ziemlich in
der Luft wie ein Luftballon
und darüber das Damokles
Schwert, nämlich 2 Schul-
arbeiten von Louis und
mir die gefährlich nah

INHALT

VORWORT

Non ci sono, ma lasciate un messaggio – Ich bin leider gerade nicht da, aber bitte hinterlasst mir eine Nachricht.« Das hört man, wenn man Filippas Mobil-Telefon anruft. Es stimmt, sie ist gerade nicht da.

Filippa starb vor zwei Jahren bei einem Autounfall in Cornwall. Unsere Filippa, der strahlende Stern, gerade verheiratet, unendlich glücklich, jetzt tot! Unser Leben ist seitdem ein anderes geworden. Anfangs waren wir wie gelähmt, konnten es nicht glauben. Trauer drückte wie ein Stein auf unsere Herzen. Trauer um unser Kind, Vittorios Frau.

Es half uns, dass sie kurz zuvor geheiratet hatte. Wir, die Eltern, hatten sie ziehen lassen zu dem Mann, den sie liebte. Und Vittorio hatte seine große Liebe geheiratet. Er war Filippas Ehemann, nicht Freund oder Verlobter, sondern ihr vor Gott angetrauter Ehemann und damit unser Schwiegersohn.

Nach dem Begräbnis in Montegemoli, dem Ort, den Filippa so sehr ins Herz geschlossen hatte und der ihr zukünftiges Heim hätte sein sollen, kehrte der Alltag wieder bei uns ein. Es gab unendlich viel zu tun, und so stürzten wir uns in die Arbeit. Natürlich dachten wir alle täglich, fast stündlich an unsere Filippa, aber wir konnten auch schon wieder in Erinnerungen über sie lachen, wenngleich sich da häufig Tränen hineinmischten. Lachen, weil Filippa schon von klein auf der

Schalk im Nacken saß, sie immer zu einem Scherz aufgelegt war und das Komische in den verschiedensten Situationen entdecken konnte. Doch das war nur eine Seite von ihr, eine wunderbare Ergänzung zu ihrer anderen Seite, der nachdenklichen und wissensdurstigen. Filippa war ein Mensch, der das Leben und die Menschen liebte. Sie hatte sich viel vorgenommen, wollte Geist und Seele nähren, Länder kennen lernen, fotografieren, Bücher schreiben, aber vor allem ihr Leben an der Seite Vittorios verbringen: Kinder bekommen, glücklich sein.

Nun fehlte sie: seine Frau, mit der er sich ein Leben bis ins hohe Alter vorgestellt hatte, und unsere Tochter, das Mittelstück unserer sieben Kinder, das wichtige Scharnier zwischen den Großen und den Kleinen. Die Lücke war groß, aber wir rückten umso näher zusammen. Jeder trauerte auf seine Weise, wusste aber immer, dass die Familie, die Geschwister, jeder für den anderen da war, falls man ihn brauchte.

Filippa hatte mir kurz vor ihrer Hochzeit gesagt, dass sie den besten Mann auf Erden heiraten würde. Sie befürchtete, dass sie sich, wie sie es bei anderen beobachtet hatte, eventuell sehr bald daran gewöhnen und es als selbstverständlich hinnehmen würde, den Besten zu haben. »Und dann«, sagte sie »ist der Mensch so dumm und will immer mehr. Ich bin da vielleicht nicht anders. Bitte erinnere mich immer daran, dass ich nicht nach den Sternen greifen soll, sondern begreife, wie gut es mir geht, und glücklich bin mit dem, was ich habe.« Mit einem Lächeln im Gesicht fügte sie dann noch leise hinzu: »Vielleicht gilt das auch für dich.«

Wie Recht sie hat. Dies gilt für so viele Menschen und ganz im Besonderen jetzt für uns, für mich. Wir haben eine wunderbare Familie. Gott schenkte uns sieben Kinder, auf die wir stolz sind. Filippa durften wir zwar nur einundzwanzig Jahre auf Erden bei uns haben, aber was für schöne einundzwanzig Jahre! Und wenn wir gewusst hätten, dass sie so jung sterben müsste, hätten wir sie dann lieber gar nicht gehabt? Und wenn Vittorio gewusst hätte, dass sie nur hundert Tage nach der Hochzeit sterben würde, hätte er sie dann lieber nie getroffen? Nein, natürlich nicht. Wir hätten Ja gesagt, Ja zu Filippa und damit Ja zu dem Schmerz, den die Trennung nun verursacht.

Wenn ich heute mit dem Schicksal hadere, wenn ich mich frage, warum Filippa so früh sterben musste, dann sehe ich sie vor mir und höre sie: »Mami, sieh doch, wie gut es dir geht! Greif nicht nach den Sternen, sondern sei glücklich mit dem, was du hast.«

Am Abend von Filippas Tod saßen wir zusammen, erschüttert, sprachlos, ungläubig, versuchten uns gegenseitig zu trösten. Sofia ging in Filippas Zimmer, vielleicht um ihre Nähe zu spüren, und kam nach kurzer Zeit mit einem Notizbuch Filippas zu mir. Es enthielt neben Filippas Adressbuch Infos, die ihr wichtig waren, wie geografische und historische Daten oder englische und amerikanische Maße und Gewichte. Außerdem hatte sie alles, was für ihren Tauchschein wichtig gewesen war, notiert. Ganz zum Schluss folgten zwanzig Gebete und ein Foto der riesigen Bronze-Muttergottes auf dem Friedhof in St. Jean-Cap Ferrat, dem Ort, wo Filippas

Großmutter mütterlicherseits begraben ist. Die Gebete waren Gebete des heiligen Franziskus von Assisi oder von Kardinal Newman, aus dem Hohenlied der Liebe, Dank-und Bittgebete.

Kurz vor Weihnachten 2001, fast drei Monate nach Filippas Tod, saßen wir beim Kaffee, als Ingrid, unsere Haushälterin, ins Zimmer kam und sagte: »Ich glaube, ich habe etwas Wichtiges gefunden.« Sie hielt ein kleines gelbes Büchlein mit Schmetterlingen darauf in ihrer Hand. Ingrid war die erste von uns, die die Kraft hatte, in Filippas Zimmer nach dem Rechten zu sehen, und dabei war ihr dieses kleine Büchlein in die Hand gefallen: ein Tagebuch von Filippa.
Zuerst wollten wir das Buch nicht lesen, wir hatten Angst, Filippas Privatsphäre zu verletzen. Doch schon beim ersten Blick auf die Innenseite des Deckels mussten wir lachen. Da stand:

»Das Buch der Egologie –
Wie Frl. F. aus S. bei K. am Rh. in Rhl.-Pf. sich ganz
und gar verfiel und erkannte, wie unwichtig anderes
Innenleben außer dem ihren ist. (Achtung: Schwulst!)«

Danach mussten wir einfach weiterlesen. Es waren Aufzeichnungen, als sie sechzehn Jahre alt war, und es kam uns fast so vor, als würde sie neben uns sitzen und mit uns sprechen. Viele Gedanken, die sie zu Papier gebracht hatte, waren mir bekannt. An langen Abenden hatten wir so manches davon besprochen. Und obwohl ich durchaus gewusst hatte, dass Filippa Tagebuch schrieb, hatte ich bis zu diesem Zeitpunkt nicht mehr daran gedacht. Auch hatte ich nie damit gerechnet, jemals so glücklich über ihre Eintragungen zu sein. Das kleinen Büchlein war wie ein Weihnachtsgeschenk unserer Tochter für uns.

In der nächsten Zeit machte sich Sofia, unsere jüngste Tochter, auf die Suche und fand noch weitere Tagebücher, Zeichnungen und Notizen Filippas. Die Notizen waren ebenso wie ihre Zeichnungen häufig zwischen ihren Schulsachen verborgen. Immer wieder brachte Sofia uns neue Schätze. Ganz besonders berührt waren wir, als wir auf dem Innendeckel eines Schulordners die Skizze eines Engels entdeckten. Dieser kleine fröhlich lächelnde Engel flog wie durch Raketen angetrieben weg von der Erde, vorbei an allen Sternen in den Himmel. Bei genauem Hinsehen konnte man darüber zwei griechische Buchstaben entdecken, das Phi und das Psi, zusammen gelesen »Fipsi«. Was hatte sich »Fipschen« wohl dabei gedacht?

Wir lasen immer faszinierter in Filippas Berichten. Meistens schrieb sie auf deutsch, wenn sie jedoch die Sommerferien bei den Verwandten in Amerika verbracht hatte oder wenn wir wegen eines Au-pair-Mädchens fast nur Englisch zu Hause sprachen, auch auf Englisch. Manchmal waren ihre Eintragungen in einer selbst erfundenen Sprache, die meist als Basis unser heimisches Sayner Platt hatte, eventuell angereichert mit einem anderen Dialekt. Vieles in den Büchern war uns bekannt, manches erfuhren wir erst durch das Lesen. Filippa schrieb nicht regelmäßig, sie kommentierte Alltägliches, beobachtete alles sehr genau: sich, ihre Mitmenschen, aber auch die Natur; sie philosophierte und dachte über Gott und die Welt und ihre Beziehung zu beiden nach. Einen wesentlichen Platz nahmen ihre Liebesgeschichten ein. Filippa war wohl ihr ganzes Leben in irgendjemanden verliebt. Zuerst galt ihre Liebe natürlich ihrem Vater. Schon bei ihrer Geburt war er dabei gewesen, von Anfang an stand er auch nachts auf, um sie zu wickeln oder zu füttern, war da, wenn er gebraucht wurde. Er nahm die Kinder mit in den Wald, in Kirchen und Museen, erklärte wenn nötig die Hausaufgaben, und vor allem abends vor dem Schlafengehen tollte er mit ihnen herum. Einige Jahre später wurden die Vettern das Ziel von Filippas Schwärmereien, gefolgt von Freunden der älteren Brüder bis hin zu ihrer wirklich großen Liebe, Vittorio.

Anfangs erzählte Filippa noch allen von ihren Angebeteten, wurde jedoch meistens von den Geschwistern recht unbarmherzig damit aufgezogen. So wundert es nicht, dass sie lieber ihrem Tagebuch als den »gefühllosen« Geschwistern ihre Herzensangelegenheiten anvertraute. Das Tagebuch entwickelte sich zu einem Freund, dem man einfach alles berichten konnte. Dies sollte viele Jahre so bleiben, bis zu ihrer Verlobung mit Vittorio. Danach brauchte sie kein Buch mehr, dem sie ihre Gefühle und Gedanken anvertrauen konnte, dafür hatte sie jetzt ihn.

Beim Lesen merkten wir, dass Filippa ihre Tagebücher wohl in den ersten Jahren mit niemandem teilen wollte. Es war ihr Geheimnis und da hatten weder Eltern noch Geschwister oder sonst jemand das Recht hineinzuschauen. Doch nach einiger Zeit, als sie selbst ihre früheren Tagebücher wiederlas, änderte sich ihre Meinung. Stand da vorher: »Do not read this ...«, so hatte sie später das »not« durchgestrichen und hatte ihre Texte mit Kommentaren versehen. Jetzt stand auf der ersten Seite dieses Tagebuchs die Aufforderung: »Do read this ...«, und als wir lasen, was Filippa am Sonntag den 18.1.1998 schrieb, war uns klar, die Tagebücher sollten von uns gelesen werden. Da schrieb sie: »Ich möchte mit folgenden Worten konstatieren, dass ich meine Eltern über alles liebe. Falls mir etwas passieren sollte, falls ich unerwartet meine Heimreise antreten sollte, will ich, dass meine Eltern das wissen.«

Zutiefst gerührt erzählten wir Vittorio und meiner Schwiegermutter von den Texten, und sie baten uns, Kopien davon zu machen. Nachdem dies nicht gut möglich war, begannen wir einige Auszüge aus Filippas Tagebüchern abzuschreiben. Um den beiden eine Freude zu machen, wurden die Texte mit Fotos und Bildern von Filippa illustriert und dann an sie, aber auch an unsere großen Kinder und Vittorios Eltern verschickt.

Die Reaktionen, vor allem von Filippas Großmutter, waren bewegend. Meine Schwiegermutter berichtete von ihrem Gefühl der Erschütterung, Dankbarkeit und des Glücks, um uns dann zu bitten, noch ein paar Kopien für die Geschwister meines Mannes zu machen. Auch Vittorios Eltern waren zutiefst berührt von Filippas Texten. Immer mehr Freunde und Verwandte wollten lesen, was Filippa hinterlassen hatte, und irgendwann kam dann die Aufforderung: »Ihr müsst das veröffentlichen.«

Anfangs zweifelten wir, ob es richtig sei. Sollten Menschen, die keinen Bezug zu unserer Tochter und Vittorios Frau hatten, lesen, was vielleicht nicht für sie gedacht war? Je öfter wir jedoch die Aufzeichnungen lasen, desto mehr vermittelte sich uns der Eindruck, dass wir die Aufgabe hatten, »Filippas Licht« weiterzutragen, dass wir anderen den Zugang zu Filippas Gedankenwelt nicht verwehren sollten.

Wir sind dem Don Bosco Verlag dankbar, dass er sich dazu bereit erklärt hat, Filippas Tagebuch zu veröffentlichen, dass er uns hilft, ein für uns schwieriges Thema zu be- und verarbeiten. Wir danken Cosimo Bargellini, Filippas Professor für Fotografie, dass wir sein Porträt von Filippa für die Umschlaggestaltung verwenden dürfen. Wir danken Filippas geliebter Omama für die vielen großartigen Aufnahmen, die sie im Laufe von zwanzig Jahren von ihrem »Fipschen« gemacht hat, danken allen anderen Fotografen, deren Fotos von Filippa wir hier veröffentlichen dürfen. Ein Dank gilt auch allen in diesem Buch genannten und ungenannten Freunden von Filippa. Nachdem zu private Eintragungen und vieles, das Filippa auf Englisch in ihre Tagebücher geschrieben hatte, von uns in dieses Buch nicht mit aufgenommen wurde, werden sich einige ihrer Freunde hier nicht wiederfinden, auch wenn sie Filippa sehr am Herzen gelegen hatten.

Von ganzem Herzen dankbar sind wir natürlich Filippa für ihre Hinterlassenschaft. In ihren Aufzeichnungen lebt sie für uns weiter, erinnert uns an ihre Liebe zu ihrer Heimat, ihrer Familie, besonders zu ihren Geschwistern, zu Vittorio und uns.

Vor allem aber danken wir Gott, dass wir Filippas Eltern hier auf Erden sein durften. Wir haben sie mit viel Liebe aufgezogen und umsorgt, wie auch ihre anderen Geschwister. Mein Mann und ich haben uns bemüht, sie auf den rechten Weg zu bringen, geduldig und gerecht zu sein. Wir wollten ihr ein Vorbild sein, sie nicht zu sehr verwöhnen. Nicht immer ist uns alles gelungen. Eines hatten wir dabei immer vor Augen, wie alle Eltern auf dieser Welt: Wir wollten, dass unser Kind glücklich werden sollte. Auch wenn wir es uns ganz anders vorgestellt haben, so sind wir uns sicher: Filippa ist jetzt glücklich, so glücklich, wie es sich keiner von uns vorstellen kann.

Ab und zu werden wir trotzdem ihr »telefonino« anrufen, nur um ihre Stimme zu hören, und wenn wir dann vernehmen: »Non ci sono, ma lasciate un messaggio – Ich bin leider gerade nicht da, aber bitte hinterlasst mir eine Nachricht«, dann sind wir gewiss, dass es keines Telefons bedarf, um ihr eine Nachricht zu hinterlassen.

Gabriela Sayn-Wittgenstein

Engel von Montegemoli

1988 – In Amerika

Filippa hatte eine sehr behütete Kindheit zu Hause in Sayn. Sie war als unser viertes Kind am 23.7.1980 in Koblenz geboren worden. Ihre älteren Geschwister Heinrich, Alexandra und Casimir nahmen sie mit großer Freude auf und waren glücklich, dass die Reihenfolge Bub-Mädel-Bub weiter fortgesetzt wurde. Wir lebten im so genannten Landhaus, einer Villa, die Filippas Urgroßeltern nach dem Zweiten Weltkrieg gebaut hatten. Das Schloss der Familie war in den letzten Kriegstagen zerstört worden, die Stammburg schon im 17. Jahrhundert. Wir, die Eltern, waren 1975 mit zwei Kindern von München nach Sayn gezogen, in den Ort, dessen Namen wir tragen. Hier wollten wir den kleinen Familienbesitz, der hauptsächlich aus Ruinen bestand, wieder in Ordnung bringen. 1982 begannen wir mit der Restaurierung von Burg Sayn. Im gleichen Jahr wurde uns ein weiteres Kind geschenkt, Louis. Als 1984 die Burg wieder der Öffentlichkeit zugänglich gemacht wurde, hatten wir uns damit auch entschieden, zum Erhalt unserer Baudenkmäler auf den Fremdenverkehr zu setzen. Ein steiniger Weg, den Filippa anfänglich noch unbewusst, später uns dabei helfend, von Beginn an miterlebte. Anfang 1986 wurde unser sechstes Kind, Sofia, geboren.

Fuschl, 1989

Ein Jahr später eröffneten wir im Schlosspark den Garten der Schmetterlinge, eine Einrichtung, die sich zu einem Publikumsmagneten entwickeln sollte. Im Juni 1992 wurde dann Filippas jüngster Bruder Peter geboren. Er war 21 Jahre jünger als sein ältester Bruder und 12 Jahre jünger als Filippa.

Glücklicherweise hatten wir immer gute und geduldige Mitarbeiter. Vor allem zu Hause war das wichtig, bei unserer stets wachsenden Großfamilie. Ingrid und Häns Dietz waren die Stützen in Haus und Garten; Moni begleitete uns im Haushalt, seit Filippa ein Jahr alt war. Wechselnde Au-pair-Mädchen aus Australien, Südafrika und England halfen uns dabei, auch um die Kinder zweisprachig zu erziehen.

Filippa besuchte Kindergarten und Grundschule in unserem Ort, bevor sie nach Vallendar ins Gymnasium der Schönstätter Marienschwestern wechselte. Die Ferien verbrachten wir fast immer bei den Großeltern in Süddeutschland und Österreich, wo auch die meisten Verwandten von uns lebten. Besonders Fuschl, das Zuhause ihrer Großmutter, war Filippa eine zweite Heimat. In der Nähe wohnten viele ihrer Vettern und Cousinen, auf die sie sich während der gesamten Schulzeit freute. Schon als kleines Mädchen verbrachte unsere sehr selbstständige Tochter ab und zu ein oder zwei Nächte bei ihrer Lieblingscousine Leonie (Leo) und deren Geschwistern Franz Anton (F. A.) und Sita. Mit knapp acht Jahren wollte sie dann unbedingt mit Leo sowie deren Eltern und Geschwistern die Sommerferien in Amerika verbringen. Wir waren im Jahr zuvor mit ihr dort gewesen, jetzt wollte sie die Reise auch ohne uns antreten. Unsere kleine Tochter für einen Monat alleine zu lassen, gefiel uns nicht. Doch sie konnte uns überzeugen, dass ihre Tante Isabelle, Leonies Mutter, ein sehr guter Ersatz für mich sei. Außerdem könne sie jederzeit, wenn sie zu viel Heimweh hätte, nach Hause kommen.

Zu ihrem achten Geburtstag bekam Filippchen einen Flug nach New York geschenkt. Außerdem ein kleines rosa Büchlein, mit Gummibären verziert, ihr erstes Tagebuch. Ich bat sie jeden Tag etwas hineinzuschreiben, damit sie sich nach den Ferien an alles Erlebte noch erinnern und uns erzählen könne. Auch dachte ich, dass es eine gute Schreibübung während der Ferien wäre. Das Resultat präsentierte sie mir nach dem Monat Amerika stolz: Es war nicht umwerfend, aber ein Anfang war gemacht. Ich war gespannt, ob Filippa ihr Tagebuch irgendwann weiterschreiben würde.

Gabriela Sayn-Wittgenstein

Mein Steckbrief

Name: Maria Filippa Johanna Fernanda Sayn-Wittgenstein
Augen: grün
Größe: 1.37
Geb.: Koblenz

4. August 1988

Jetzt ist es 7h morgens. Ich bin gerade aufgestanden und habe mein Bett gemacht. Leo und F. A. schlafen noch. Gestern ist F. A.s Kontaktlinse im Aug zerbrochen beim Tennis. Jetzt in zwei Stunden ist Tennis. Ich bin sehr gut im Tennis, nur die back hand kann ich nicht sehr gut, aber das werden wir schon schaffen.

Jetzt fällt mir nichts mehr ein. Ich schau aus dem Fenster, da, jetzt ist mir etwas eingefallen. Ich habe vor ein paar Tagen diese Schmetterlinge gesehen: Monarch, Segelfalter, Indisches Blatt, Kleiner Tiger. Und ich bin in einer Limousine gefahren. Jetzt ist Teresita wach. Vor ein paar Tagen habe ich Mrs. Bowman gesehen. Wir dürfen wieder bei ihr schwimmen und sie backt uns Cookies, nett, gell.

Mittag: Jetzt ist Tennis vorbei, wir wollten zu Mrs. Bowman gehen, aber Alison [*Au-pair-Mädchen*] wollte nicht. Man muss jemanden zum Nachschauen dabei haben, sonst darf man nicht schwimmen.

Nachmittag: Jetzt sind wir auf der Beach gewesen. Alison erzählt uns gerade eine Geschichte: »Peter, Clarisa und Snow White with the dwarfs« [Schneewittchen und die Zwerge]. Wir hatten ein gutes Essen gehabt.

5. August 1988

Ich hab gerade mein Bett gemacht. Leo und F. A. schlafen noch, Sita auch. Es ist gerade 7:15. Bei mir liegt ein Foto von Mum and Dad. An Papi muss ich sehr denken. Er fuhr ein Autorennen und ich bin ja in United States of Amerika. Deswegen konnte ich es nicht sehen. Meine Schrift ist befriedigend. Ich kann, wenn ich wirklich will, ja wirklich will – ach, ich hab keine Lust mehr.

Abend: Jetzt gleich gehe ich und Leo zu Mrs. Bowman. Ich schwimme und schwimme und springe. TOLL, mein erstes Mal, dass ich in dem Jahr 88 bei ihr schwimme.

6. August 1988

Heute ist Tennis frei! Jipi! Mein Bett ist noch nicht gemacht. Jetzt ist es 8h 10 Min. Die Uhr ist von Mami. Ein bisschen Heimweh hab ich schon. Tante Isabelle ist gerade reingekommen und wòllte Leo und F. A. aufwecken, aber der F. A. hat gesagt: Samstag, ich möchte ausschlafen.

Mittag: F. A. ist heute so motzig, man könnte es gar nicht glauben. Leonie hatte ihr Bett wunderschön gemacht, aber F. A. fand es scheußlich. Er hat ein Buch, davon hat er eine rote Folie, die ist weg. Geschieht ihm recht. Vielleicht gehen wir zu Mrs. Bowman, aber Leo muss noch zwei Briefe schreiben. Ich hasse Briefe schreiben.

Nachmittag: Wir waren gerade einkaufen, ich habe jetzt ein Paar Jeans und Spielgeld. T. Isabelle spielt Paddeltennis mit F. A. Gleich fahren wir. – 1 Stunde später – Jetzt gehen wir.

7. August 1988

Abend: Ich habe für einen Tag nicht mehr geschrieben, das Datum ist 7.8.88. Tschuldigung, aber ich habe das Buch nicht gefunden. Jetzt Schluss. Der F. A. war heute sooo gemein.

1992 – 1994

Es sind gut drei Jahre vergangen seit Filippas erstem Tagebuch. Ob sie während dieser Zeit Tagebuch führte, ist unsicher. Vermutlich begann sie erst wieder zu schreiben, als ihre große und viel bewunderte Schwester Alexandra, von ihr auch Alex, Ax oder später Alila genannt, nach dem Abitur zum Studieren nach Brüssel gezogen und Casimir (genannt Casi), mit dem sie das Zimmer von klein auf teilte, ins Internat gekommen war. Filippa hatte damit ihre wichtigsten Ansprechpartner verloren und brauchte das Tagebuch als Ersatz. Sicherlich wurde sie auch durch den Tod meiner Mutter und die Geburt ihres jüngsten Bruders Peter zum Nachdenken über Leben und Tod angeregt. Irgendwann fand sie das tägliche gemeinsame Abendgebet mit den Kleinen zu banal und wollte ihre eigenen Gedanken Gott vortragen, aber allein.

1992 wurde Filippa 12 Jahre alt. In diese Zeit fielen auch ihre ersten »großen Lieben«, die sie immer sehr ernst nahm. Es waren meistens viel ältere Vettern, in die sich Filippa abwechselnd verliebte. Je nach deren Aufmerksamkeit, der Häufigkeit der Briefe oder Telefonanrufe stieg oder fiel ihre Laune. So war sie manchmal himmelhochjauchzend, lustig,

Sayn, 1993

motiviert in der Schule, aber auch manchmal betrübt oder hatte schlechte Laune, die vor allem die kleinen Geschwister zu spüren bekamen. Wir Eltern nahmen diese Schwärmereien nicht zu ernst, und die Geschwister machten sich darüber lustig, vor allem wenn Filippa bei der Erwähnung des ein oder anderen Namens rot wurde.

In den Ferien verreiste sie nun häufiger ohne Eltern zu Verwandten ins Ausland, meistens zusammen mit ihrem Bruder Casimir. So war sie öfter auf dem Obertauern bei ihrer späteren Firmpatin zum Skifahren, in Spanien auf einer Finca in der Nähe von Toledo, sowie in Amerika. Dort besuchte sie neben ihrer Cousine Leonie (Leo) auch meine Schwägerin Teresa, die mit ihrer Familie zwei Stunden außerhalb von New York auf der »Top of the Hill«-Farm lebte. Juan, den zweitältesten Sohn, liebte unsere Fipsi wie einen Bruder.
Filippa schrieb ihre Tagebücher in dieser Zeit fast nur noch in Englisch, das sie mittlerweile recht gut beherrschte. Auszüge daraus wurden für dieses Buch ins Deutsche übertragen.

Gabriela Sayn-Wittgenstein

Vorbemerkung
Bitte lies das ~~nicht~~!
Es ist wirklich sehr wichtig für mich, dass ~~niemand~~ man weiß, was in dieses Buch geschrieben wurde …
Danke, F.
[Das Wort »nicht« wurde von Filippa später durchgestrichen; das Wort »niemand« ersetzte Filippa später durch »man«.]

DU schaust hier rein? DU?!? Hast du keine Gewissensbisse? Okay, die Neugier! Ich sage dir nur, ich wusste, dass DU reinschauen wirst. Es steht nix drinnen, was escht ey interessant wäre. Also du willst trotzdem noch reinschauen?!? Du glaubst mir nicht? Nochmal für die »Versteh-Tiefflieger«!: Also warum on earth SCHREIBE ICH DAS HIER VORNE DRAUF; WENN ICH NICHT WÜSSTE, DASS DU EH REINSCHAUST – Okay, aber das nächste Mal, falls du (wieder) reinschauen willst, tu es nicht und wage nicht, mir noch ehrlich in die Augen zu schaun!!! Danke.

> P.S. Falls du doch reinschaust, bist du schon Mr. Nosy! Egal ob du 'ne Mrs. oder ein Mr. bist. Meine Schrift kannst du eh nicht lesen! (Hoffe ich doch)
> Letzte Verwarnung! SCHLAG DAS BUCH ZU!

Stehst du so tief???
Ist dein Gedächtnis so mies, dass du es nötig hast, hier den Tagesablauf der letzten Tage nachzulesen?
– Nein? Dann trifft P.S. auf dich zu.
– Ja? Dann schaffe dir selbst so ein Buch an!

8. Januar 1992

Leider starb Amama vor einigen Monaten. Krebs! Sie hatte Depressionen. Ich war traurig.
Mami sagte mir, dass sie mir ein Geheimnis sagen wollte, und fragte ob ich dieses jenes behalten konnte und es niemanden weitersagen würde.
Ich sagte Ja!
Mami sagte: »Wir bekommen ein Kind!« Ich war so froh!
[*Nachtrag 27. Juni 92:*] Es ist Peter!

Na ja, morgen bin ich wieder in der Schule.

12. November 1992

Es ist der 12.11.1992. Well! Heute habe ich meine erste Pizza gebacken und sie ist geil. Aber essen tun wir sie erst morgen, weil heute Chaos total war! Also nicht wegen Chaos, aber ich habe um 5:00 angefangen und es ist ein Hefeteig!!!! (Man berechne die Geh-Zeit, ca. 1 1/2 Std.)

Also auf der Finca war es echt cool ey!?! Da war auch Christina!! Diese blöde Nuss soll mir endlich das Foto schicken, aber ich werde vergessen!
Gerade läuft das Ende von »Kashmir« (Led Zeppelin) und jetzt »When the levee brakes« (Tipp von M.)
Die Landschaft war echt super affengeil … auch dass ich jetzt dich [*das Tagebuch*] habe! Dir, mein Schatz, kann ich

alles sagen (Applause!) – Kitsch und Co, Baubüro. Ach ja, Alex ist in Bruxelles, Belgien. Wow, nicht?!? Sie wohnt im Haus mit Stephanie, irgend so na Vivienne und Sandra. Kennen tu ich persönlich keine, obwohl ich's gerne mal würde. Hmh. Mein Stift schmeckt vom Trouble [*einer der beiden Hunde*] vorgekaut escht wow. Bis moschä!

Freitag, 13. November 1992

Casi bekam einen blauen Brief! Geil ey! Meine Pizza wurde mit Begeisterung gegessen und bald kommt se – Alex! Morgen gehen wir ins Kino, essen bei Mc Donalds und mein Gäddo Blaster wird zum (hin-) richten gebracht. Besser wär's zum Tauschen! Dann ist Partytime im Stock. Es ist 11:20 in der Nacht, morgen Schule, Sch…, vor 3 Min. Haare gewaschen …

12. Dezember 1992

Jetzt hätte ich viel zu schreiben! Fangen wir mal an! Es ist der – (?) Ah ja, der – Es ist der – Mein Gott, ich hab's vergessen! Es ist der – Ich Trottel vergesse ja, dass ich die Uhr anhabe mit eingebautem Datum. Es ist der 12.12.92 – noch.

Heute war bis auf den Abend ein toller Tag. Ich war mit Mitch [*Michelle Leversedge, Au-Pair-Mädchen aus Australien*] im Kino und bei Mc Donalds. Ich habe Schule geschwänzt ... Das war so: Gestern bin ich (zum Glück!!) mit dem Kopf leicht gegen die Schulbank »gestupst« und habe laut F#!ck gesagt. Die S. (Lehrerin – dazu in Englisch!!!) glotzt mich doof an, ich sage Sorry und tu so, als ob ich SCHWEÄR verletzt wär. Die, die neben mir saß, schaut mich an und fragt (rhürend!), ob ich mir weh getan hätte. Ich so – äh ne – also – AU! Doch ... Dann lag ich im Sanitätsraum – mit (zufällig?!) Tinsche, die eine meiner zwei besten Freundinnen ist. Kurz davor lag auch die andere meiner zwei besten Freundinnen dort!
So'n Glück, aber kotzisch war mir schon!
Na ja, so lieg ich halt hier und es ist Punkt 12 Uhr! Geisterstunde! So'n Quatsch.
Na ja, heute Abend, nachdem Heintschi zu 'ner Fete gefahren war, glotz ich die Bambi-Verleihung: Lauter »nette« Leut' – TATAAH, TATAAH, TATAAH – oder so, wie im Karneval.

13. Dezember 1992

Die Mme. Leberwurst [*Au-Pair Mitch*] nervt vielleicht. Räum das auf und das und das ... Die einzigen zwei Wortgruppen, über die sie zu reden vermag, heißen: Aufräumen, Baby und immer brav und artig sein und

gut aufräumen, natürlich auch fressen …
Der heutige Tag:

☆ Heinrich da
☆ Kirche
☆ Tafelspitz (Mittag)
☆ Jagd (Enten, Karnickel, Fasane, Tauben etc.)
☆ Crevettes avec courgettes dans une sauce mayonnaise – c'est 50/50 bon! La crevette est bon! La courgette est pas bon! Mais les crevettes schmecken wie Kaugummi. Et saumon et de Forelle avec limon, une paté de Forelle, jus de pomme et, et, et!

Ha ha! Gute Nacht!

14. Dezember 1992

☆ Bauchweh
☆ Kopfweh
☆ Schule
☆ Kopfweh
☆ Schule
☆ Püree, Würschtl, Sour-Krout, Mustard
☆ Quarkspeise
☆ Spaghetti Napoli
☆ Kopfweh
☆ Mathe bis 21:30h gemacht
☆ Bei Mitch donnert das Baby Phone gerade: zchzchzchzch

Heute Franze-Arbeit geschrieben, durchgekommen!! 1-Feeling. 2 Bücher auszufüllen, 1 Poesie Album, 1 Schulfreunde-Buch.

Na ja, so far so good. See ya! Buenas noches, alte Sau!

15. Dezember 1992

Soderle!
Freitag Mathe Arbeit!
Morgen (?!) English. Kein bisschen gelernt.
Pardon, Deutsch, da brauch ich nicht lernen. Inhaltsangabe.

Heute haben wir im Altenheim das Weihnachtsstück vorgespielt! Boa ey!
Danach hat Dirk Möllmeier angerufen und Mami geht dran:
M: Hallo, hier Möllmeier, kann ich ma' dn' Casimir?
Mami: Ja, Moment! Casi, da ist so'n Dietmar Müller am Telefon
Casi: Wer?
Mami: Dietmar Müller! …
Escht ey! Die hat Bohnen auf den Ohren!

Von der Alex muss morgen ein Brief ankommen.
Zwei Seiten nur! Die krischt de Kloppe!
10 Seiten schuldet sie mir dann.

Wenn ich Glück habe, werde ich zur Alex nach Bruxelles fahren, nächstes Wochenende bzw. dieses!!!
Brauch nur noch jemanden, der fährt. Gut, gelle!?!
Ich muss mir das Ausrufezeichen hinter jedem Satz abgewöhnen! ← Genau das meine ich. Ich habe mich beherrscht. Wow(!). Ich kanns. Na ja.

16. Dezember 1992

Ohne es vorher zu wissen, mussten wir heute auf der Burg das Weihnachtslied singen. Chaos total. Und dann die beknackten Anspielungen von Klirr [= *Claire, neues Au-pair aus England*]: »Filippa ist bloß sauer, weil sie heute spielen muss.« Dann knutscht se noch mit Sofia rum. Mmmhh! Ärmel-Kanal! Well!

Und die Liebe! Das Horoskop sagt zwar was, aber harmonieren, davon nichts. Ich kenn ja seinen Geburtstag, also auch das Sternzeichen!
Heute war Redaktionssitzung, auch ich hatte keinen der 4 Artikel fertig! Die werden alle noch härter in die Zange genommen!!!
»Hab heut keine Zeit! Morgen auch nicht! ....« Jedes mal so! Ach diese Ausrufezeichen. ← Ich kanns ja?!? ← Oder?
Na ja, we won't be too disappointed, or? Because:
Sage nie du kannst es niescht, alles kannst du,
wills die Pfliescht!

Na ja. Irgendwie bin ich, bis auf Alex, von allen Verwandten und allen, die ich kenne, vergessen worden.
Die Ax hat mir n' Brief geschrieben!
DAS AUSRUFEZEICHEN!!!!!!!!!!!
Aber der Rest ... entweder keine Zeit oder 10.000 Sachen zu besprechen ... es variiert.
Na ja, also dann bis morgen! Hoffentlich träumst du (ich) was Nettes! Bussiii!
Bitte denke an die vier Artikel und an Alex (S.W.!) und an ...! **

Bussi

18. Dezember 1992

Also: Ich schreibe für gestern!
1. Da war die Weihnachtsfeier auf der Burg!
2. Davor war Ballett – auch Weihnachtsfeier!
Danach ist ATTILA [= *einer der Hunde*] angefahren worden. Bis jetzt geht's ihm noch – den Umständen entsprechend – gut!
Oben, von der Burg, hab ich die Alex angerufen, weil sie mich für dieses Wochenende eingeladen hatte.

Februar 1993

Also ich war am Wochenende in Bruxelles!
TOOOTAL GOT EY!
War im »Jeu d 'Hiver«. Bis halb 5 in der Früh!
Bei 3 1/2 Whisky cool und 4 Glimmis!
TOOTAL NÜCHTERN! (ECHT!!!)
Habe so'n paar nette Leute kennen gelernt!
But I miss you!
Also die Ax ist da!
Also II (!!) ich bekomme eine …
… eine Brille.
Na ja! Einen Rahmen für meine Glas- äh crownjeweled eyes!!!(?!)!

Bussi – Bonne Nuit!

Date: something like the 18th of April 93

Tja, dann mal so zum Besuch war M. da … schon wieder lange her. Papi hat ihn mit Casi beim Rauchen erwischt!! (What a good influence) Anyway …
Casi hat mit Freundin 5 Stunden (oder so ähnlich) telefoniert und …
Habe M. gestern abend geschrieben!
Als er hier zu Besuch war, habe ich so was wie 5 Stunden mit M. geredet, so über meine Familie (Mami, Papi, Ax,

Casi) und ich, äh, er hat mier, nein mir, lauter Sachen gesagt, die er in unserer Lage tun würde. Ich glaube, es lohnt sich anzufangen so zu denken wie er … Er hat gesagt (here I agree!!) »Wenn man einem Kind alles erlaubt, ist der Charakter von vorneherein verdorben! Dann ist ein Kind zu verwöhnt …« (stimmt). Dann hat er so'n paar Sachen über mich gefragt … (muss ich gar nicht reinschreiben!). Am Ende sagt er nur: »Fipsi – ICH LIEBE DICH!« (Spinner!!)
Falls Du mein Buch gerade lesen solltest, dann muss ich Dir hier ein paar Worte widmen:
»DU BIST DER LIEBSTE SPINNER, DEN ICH KENNE«
(Das soll keine Liebeserklärung sein, sondern eine Tatsache.)

Höre gerade U2, »Joshua Tree« … (auf dieser halben Seite läuft »Bullet the blue sky«, auf der davor lief »With or without you«) »Into the arms of America«. Jetzt läuft »Running to stand still«.

Morgen schreibe ich weiter …

P.S. Habe mein Zimmer umgeräumt.

Ich muss was beichten!
I'M IN LOVE.

19. April 1993

Also:
- ☆ Bin auf ein Fest eingeladen
- ☆ Das auf der vorhergehenden Seite gilt immer noch! (For ever …)

Ich habe beschlossen:
1. Ich verstecke das Tagebuch lieber ein bisschen besser!
2. Ich habe meinen Traummann gefunden! Nicht wahr?!

I am soo in love! With …!
Ich will ihn unbedingt wieder sehen!! An irgendeinem Wochenende, ja! Wir haben telefoniert! Er war ziemlich unhöflich! Ich fragte ihn, wie seine Reise gewesen sei? Und er sagte: »Ach, da hättest du bestimmt einen Schreck bekommen, und da hättest du bestimmt zu weinen angefangen …« Bin ich wirklich so eine Heulsuse?! Hoffentlich nicht! Dann sagte er: »Hör mal, Fipsi, ich habe da ein Problem!« – »Was denn?« – »Gerade kommt Fussball (!)…« Also, bin ich wirklich so doof, dass er glaubt, er könne mich so behandeln?!? – Was soll's, ich liebe ihn trotzdem. Ich frage mich, wie er sich nach dem Anruf gefühlt hat! (gut, schlecht, schuldig …?) O Mann, ich vermisse mein M.-Schätzchen! Hoffentlich sehe ich ihn bald!

Ich geh am 29.–30. Mai auf ein Konzert:
ROCK AM RING 93, mit vielen wie Ugly Kid Joe, Faith no more, INXS und Robert Plant!!!
Ich gehe dort mit Casi und Freunden (?) hin!
SUPER EY VOLLE KANNE!! Freue mich schon!

Nite, 10th Nov. 93

And again Hi!
Morgen ist St. Martin. Das ist der Tag, an dem jeder mit einer Laterne durch die Straßen geht. Cool!! Ich werde Josi anrufen und fragen, ob sie mit mir zu diesem kalten Vergnügen gehen will. Heute habe ich einen Brief von meinem Lehrer Dr. W. bekommen. Darin steht, dass ich meine Hausaufgaben dreimal nicht gemacht habe, und das bedeutet eine Sechs. Da muss ich mir was einfallen lassen. Shit! Aber England rückt ja näher und näher. Am Samstag werden wir in Brüssel übernachten. Ich werde im Haus von Alex schlafen!!! Dann, am Sonntag, gehen wir in die Kirche, und danach fahren wir los nach England. Ich bin sooo glücklich!!!

Heute hat mir Ingrid wieder mein Bac-Deo gekauft. Es erinnert mich an Amerika, aber vor allem an die Zeit auf der Finca. Ich habe eine sehr gute Nase. Das heißt, ich rieche gut – Nein! Oder doch! – natürlich rieche ich gut, aber eigentlich meine ich damit, dass meine Nase Gerüche sehr gut erkennen kann! Zum Beispiel waren heute Heinrichs Freunde da und ich konnte sie riechen. Nicht schlecht, oder?

Ich habe einen Cousin, der ist 16, glaube ich. Vor zwei Jahren war er in mich verliebt, und manchmal glaube ich, er ist es immer noch. In den vergangenen zwei Jahren bin ich wirklich unfreundlich zu ihm gewesen, echt gemein. Ich weiß genau, normalerweise mache ich so was nicht. Aber ich werde einfach nervös, wenn ich bedrängt werde.

Okay, ist ja nicht so schlimm, wenn Männer so sind. Aber dann müssen sie gut aussehen und/oder intelligent und nett sein. Dann macht's mir nicht so viel aus! Ich mag es nur nicht, wenn mich die Leute wie irgendso'n Mädchen behandeln – na ja, natürlich bin ich ein Mädchen – aber ich mag es nicht, wenn sie so tun, als wären sie mein Vater! Genug Bullshit für heute.
Hatte heute in der Schule keine gulpys [= *Zigaretten*] dabei, morgen nehm ich welche mit (ganz sicher).

Bis dann. Gute Nacht
Flips

11. November 1993

Natürlich hatte ich keine dabei! Aber morgen ganz sicher. BESTIMMT! Ich habe sie schon in meine Schultasche gesteckt. Morgen, hat Mami gesagt, fährt sie mit mir nach Koblenz. Dann kaufen wir die neuen Jeans. Hoffentlich bekomme ich die Levi's! Die passen mir am besten. Heinrich ist gerade angekommen. Er kommt ein bisschen zu spät!! Was ich eine Seite vorher geschrieben habe, das über die Männer und dass ich manchmal einfach nicht weiß, was ich machen soll: Jetzt kann ich ganz sicher damit umgehen. Ich habe früher schon mal überreagiert – Aber jetzt, wartet nur ab!!
Mami hat heute ein paar Sachen ausgemistet – Shit,

meine Cassette hat sich gerade verheddert. Sting, nicht so schlimm … Also, Mami hat mir was von ihrem Modeschmuck gegeben. Einiges ist ganz schön, manches nicht so, aber »einem gschenkten Gaul schaut man nicht ins Maul«. Ich weiß nicht, was ich noch schreiben soll. Was soll ich jetzt noch schreiben? Aber ich will doch wach bleiben, falls Heinrich ein paar Freunde mitgebracht hat, die noch heraufkommen wollen. Also, bis die wieder weg sind (ich weiß noch nicht einmal, ob Heinrich überhaupt Freunde mitgebracht hat), muss ich noch wach bleiben. Bis dann, glaube nicht, dass sie raufkommen werden.

Gute Nacht
Flips

12. November 1993

Heinrich brachte gar keine Freunde mit! Heute ist der 12. November 1993, 22:47 Uhr. Ich liege im Bett (wo sonst!?) und heute hatte ich wieder keine gulpys dabei. Tatjana hat fast einen Wutanfall bekommen. Wenn ich also nicht will, dass sie morgen Hackfleisch aus mir macht, dann nehme ich lieber welche mit.
Trouble hat gerade einen schlimmen (?) Traum. Dann bellt er immer im Schlaf und zappelt mit seinen Beinen. Das macht er nur, wenn er träumt, dass er spazieren geht, glaube ich.

Letzte Nacht hatte ich einen coolen Traum. Okay – Jamie [*Freund von Filippas Cousin Juan*] und ich saßen im Auto. Es war ein Chevy oder so. Die Sitze waren aus burgunderrotem Leder. Jamie legte seinen Arm um mich und roch mein Oskar de la Renta-Parfum. Er: »Hmmmmh … das riecht gut!« Und ich war so glücklich. Das Seltsame war, dass ich in diesem Traum – und das war nicht das erste Mal – dass ich mich im Traum in meiner Traumwelt befand. Das heißt, dass die ganzen Landschaften um mich und um die anderen Menschen herum aus Träumen bestanden, die ich schon einmal geträumt hatte. Aber sie waren friedlich und schön. Dann kamen nur noch Bruchstücke. Aber genug, um mich zu erinnern, dass Jamie und ich uns geküsst haben. Er war soo süß zu mir in dieser Nacht. Und seine Stimme war sogar seine echte. Luis hat das Auto gefahren, glaube ich.

O Gott! Vielleicht fahren wir nächstes Jahr wieder nach Amerika. Hoffentlich sind wir am 8.7. dort. Denn dann hat Jamie seinen 19. Geburtstag. Vielleicht macht er eine Party, ich weiß es nicht, aber ich hoffe, dass wir dort sein werden. Davor hat mein Großonkel seinen 75., nein – seinen 70. Geburtstag, und er wird eine Woche lang in Glanegg feiern. Da weiß ich nicht, ob wir rechtzeitig in Amerika sein werden. Ich weiß ja nicht einmal, ob wir überhaupt nach Amerika fahren werden. Also, bitte, Mutter Maria, bitte für mich, dass am kommenden Wochenende alles gut läuft mit M. und dass ich eines Tages ihm oder Jamie gehöre!

Was soll's! Nächtle
Flips

13. November 1993

Hi Scrap Heap, mein geistiger Schrottabladeplatz!
Meine Schrift ist wahrscheinlich ein bisschen schlampig, denn ich sitze im Auto nach Brüssel (!). Wir übernachten dort. Ich schlafe im Haus von Alex. Wie sieht es wohl aus, nachdem die Mädchen, mit denen sie die Wohnung geteilt hatte, ausgezogen sind? Sind überhaupt noch Möbel da? Na, hoffentlich. Mami und Papi schlafen im Hotel. Ich bin total aufgeregt, wie es in England sein wird. ♡
Also dann, schlaf gut – nein, es ist ja erst drei Uhr nachmittags! Bis dann, tschö!

Flipsi

Ich werde nicht weiter schreiben, weil ich, na ja, im Moment war ich halt soo glücklich, es war Papis 50ster Geburtstag und M. war da. Da war es ein wenig riskant, das Buch draußen zu lassen. Deswegen habe ich es unter meiner Matratze versteckt. Nightle.

Fipsi

BIS HIERHER, Scrap Heap!
ICH WERDE AUFHÖREN ZU SCHREIBEN!
Mit M. verstehe ich mich gut (das weißt du auch!).
Wenn alles so weitergeht & noch besser, dann brauche ich dich, mein Tagebuch, nicht mehr!
Es war schön, dich zu haben!

Du bist ein sehr guter Freund, aber ich muss dich jetzt verlassen!
Gute Nacht! Zum letzen Mal (VIELLEICHT…)

Pass auf dich auf!

Deine Fipsi

12. Januar 1994

Nach Neujahr sind wir zu Tante Isabelle nach »Langleitn« gefahren. Ich habe mich mit F. A. besser verstanden, als ich gedacht hatte! Wir haben viel miteinander gesprochen! Er wollte, dass ich ihm ein Armband mache. Wir haben uns auch einmal gestritten, aber schon vergessen! Er ist einfach soo süß! Schade, dass er mein Cousin ist …

Irgendwann danach wollte ich ins »FIBRES« gehen, das ist ein Fitness-Studio! Klingt ziemlich bescheuert, ABER: Es ist so cool!
Aber Mami sagte »zu teuer«. Also geht es weiter mit BALLETT. SO SCHADE! TROTZDEM!

Andere Sachen sind auch schade, zum Beispiel: Marietta hat angerufen & hat gesagt, Karl Lagerfeld wolle Fotos von uns für den »Stern« machen: Paris, Hotel Intercontinental, Flug umsonst! ABER! Sie wollten nur die MUTTER MIT EINER TOCHTER! DESHALB: NICHTS GEWORDEN!

Was soll's!
Morgen ist Schule.
Bis dann!

Nächtle
Fips or Phillippa or FLÖBBAH!

25. September 1994

Ich habe dieses Tagebuch gelesen! Ich habe lächeln müssen! Viel! Ich weiß überhaupt nicht, warum ich das alles geschrieben habe! Ich bin ganz schön blöd gewesen, oder? Aber diese Sache mit M. ist vorbei! Ja genau – im Augenblick zumindest! Meine ich. Ich habe einen anderen Menschen getroffen, den ich liebe!
Alles ist jetzt anders. Der Sommer war für mich sehr interessant und amüsant! Ich bin auf dem Fest für meinen Großonkel in Österreich gewesen. Und danach habe ich den Menschen geküsst, den ich liebe!
Ich höre gerade Grieg. Konzert A-moll op. 16.

Ich weiß nicht, warum ich aufgehört habe Tagebuch zu schreiben! Diese »ganze M.-Geschichte« ist vorbei!
Ich habe eine neue ♡ Liebe.
Ja, genau!
Nein, er ist kein Deutscher.
Nein, er ist kein Amerikaner.

Und er ist kein Spanier!
Er ist ein ÖSTERREICHER.
Geh, I love him!
M., BYE-BYE, FÜR DIE NÄCHSTE ZEIT:
DU BIST ERST MAL IM KÜHLSCHRANK!

Ja!
Flips

1995 – 1997

Die Jahre 1995 bis 1997 waren sehr wichtig für Filippas Entwicklung. Sie las viel und interessierte sich – beeinflusst von Jostein Gaaders Buch »Sofies Welt« – für Philosophie. Die Ferien verbrachte sie am liebsten mit ihren gleichaltrigen Cousinen Leonie, Marie und Winzi sowie der älteren und bewunderten Cousine Maria aus Spanien. Religiöse Einkehrtage mit ihrer Klasse beeindruckten sie nachhaltig.

Zu Hause zeigte sich Filippa verantwortungsbewusst und hilfsbereit. Es machte ihr Freude, das Abendessen für die ganze Familie zu bereiten. Dabei dekorierte sie die Speisen wie in einem Gourmettempel, schmückte den Tisch mit allem, was ihr passend schien und schrieb Tischkarten. Nicht nur dabei kam immer wieder ihre große Fantasie und ihr Einfallsreichtum zur Geltung. Trotzdem war es mit ihrem Selbstbewusstsein nicht weit her. Sie, die groß und hübsch war, haderte mit ihrer Figur. Obwohl auf so vielen Gebieten begabt, war sie überkritisch mit sich selbst. Glücklicherweise rettete sie ihr einmaliger Humor regelmäßig vor zu großer Verzweiflung.

In dieser Zeit war Filippa nicht mehr ganz so häufig »verknallt«, sondern gewann einige wirklich gute Freunde, die ihr

Im Ries, 1995

sehr wichtig waren. Die Osterferien 1996 verbrachten Filippa und Louis bei ihrem Großvater, dem Api, und bei der geliebten Ami, die mit meinen viel jüngeren Geschwistern Mini und Franz in Brasilien lebten. Filippa war von diesem Land fasziniert und brachte viele Fotos mit nach Hause.

Die Krebserkrankung ihrer Tante Elisabeth (Li) ging Filippa sehr nahe und als Tante Li, noch keine 50 Jahre alt, im Frühjahr 1997 starb, war Filippa nicht nur tief bewegt, sie wurde auch viel nachdenklicher.

Gabriela Sayn-Wittgenstein

19. Januar 1995

Gerade noch mal gelesen, was ich geschrieben habe. Ich habe den Österreicher bei der Geburtstagsfeier von meinem Großonkel getroffen! (nur für später, damit ich das dann noch weiß!)

Also, was ist alles passiert:

☆ Bin in der Türkei gewesen. Cem (ein DJ) hat sich in mich verknallt – aber die Liebe ist hübsch einseitig!!

☆ War auf zwei Jagden hier in Sayn. Habe angefangen, für einen Typen zu schwärmen, der ist aber schon im Kühlschrank!

☆ Weihnachten war ich in Fuschl. Habe zwei Abende im Stadl mit Max und Caspar verbracht (sehr nett, so nett ist noch nie jemand zuvor gewesen!!!). War bei einem wunderschönen Abendessen bei ihnen zu Hause, und saß neben Caspar + Dicki [*Sohn von Tante Li*].

☆ Caspar will versuchen, Chemie zu studieren! (TOTAL VERRÜCKT!)

☆ Leo hat eine Zahnspange.

☆ Sita hat sich das Bein gebrochen (Gips!).

☆ Hab mit den anderen Gulpys [= *Zigaretten*] im Stadl geraucht, habe viel geredet, diskutiert, und MÄXCHEN gespielt (Ich hasse dieses Spiel!) und ein paar andere Spiele.

☆ An Neujahr Skifahren am Obertauern! Habe D. getroffen.

☆ Habe an Neujahr das Rauchen wieder angefangen.

☆ Habe an Silvester getrunken: Apfelkorn, Bier, 2 Flügerl, Tequila … (den Rest hab ich vergessen).
☆ Zurück nach Sayn.
☆ Schule hat wieder angefangen. Morgen ist der dritte Schultag.
☆ I am in l♡ve!

Nein, nicht mit M., nein, nicht mit B.
Genug, Fips? Yeah!

See ya then!

22. Januar 1995

Geh, wie lieb! Was ich nicht alles Nettes hier hineinschreib! Ich verknallte mich ja alle 2 Wochen!! That was *not* funny anymore, gell?
Aber: Wenn ich schreibe, jemand ist nett, heißt das DOCH NICHT GLEICH, dass ich diesen Menschen/ diese Menschen liebe! Nein, im Ernst, Max + Caspar zum Beispiel sind Supertypen, mit ihnen macht alles Spaß. Sie sind ein bisschen verrückt und super intelligent (Mammutgehirn). Max kann der größte A… sein, wenn er will. Ich möchte nicht in der Haut desjenigen stecken, über den er sich lustig macht! Und Caspar, das sagt jeder, ist noch schlimmer als Max, wenn es ums Vera…en geht. Da kann ich nur sagen, zu mir war er immer nett!

BUT: Das muss nicht direkt heißen, dass ich verknallt bin!! OUKÄI?? Sie sind WAAAHNSINNIG nett! But that's it! Don't know why I'm not verknallt in them! Da ist halt eine Blockade! Und F. oder B. liebe ich auch nicht! Aber das glaubst du nie: F. sagt, er wusste nicht, wie alt ich bin. Aber er wusste es genau. Wir hatten erst kurz vorher darüber geredet. (OASCH!) Ich mag die halt alle so gern!
Also dann, Flippa (meine Unterschrift wechselt monatlich...)
Es stimmt, was ich gerade geschrieben habe! D. hat mir schon drei Briefe (!!) geschickt. So nett, er sagt, er vermisst mich! Soo herzig!

See you!
Flips

Montag, 6. Februar 1995

Mathe-Arbeit verlief erstaunlich gut (für meine Verhältnisse). Ich war total aufgeregt, hätte sie besser schreiben können, aber ich hatte every now and then einen äußerst ärgerlichen black out und saß ganz vorne vor der Lehrerin, was mich noch nervöser machte. Höre gerade U2, »one«, auf der »Achtung Baby«. Die »Zooropa« ist sehr gut, finde ich. Die Gitarre von »The Edge« ist einmalig, sehr charakteristisch für U2. Alex, die Glückliche, ist gerade in Jorda-

nien zum Tauchen. Ich gönn's ihr überhaupt nicht!! (War noch nie dort, kommt noch!!!) Jordanien, also der Golf von Aqaba, ist der geilste Platz zum Tauchen. Unglaubliche Fauna und Flora. Riesige Weichkorallen, ein versunkenes Schiff, welches jetzt ein (künstliches) Riff ist. Es gibt (Gottseidank) nicht viele Haie dort, aber ganz in der Nähe gibt es zwei winzige Inseln, die »Brother Islands«, dort, so heißt es, ist die Natur so wild und ungestüm wie sonst fast nirgendwo anders auf der Welt. Jeder Tauchgang ist eine »Fahrt ins Ungewisse«, denn dort gibt es den Weißspitzen-Hochseehai, welcher für den Menschen am gefährlichsten gilt. Hammerhaie, graue Riffhaie, Fuchs- und Seidenhaie gibt es dort auch. Eigentlich sind sie ja nicht so gefährlich, aber in der Dämmerung können sie unberechenbar werden. Es gibt dort auch Mantas und Delphine, welche ein Taucher gesehen haben muss!
Ich versuche so oft wie möglich ans Meer zu kommen, wenn's geht dahin, wo nicht so viele Touristen sind. Da ist es zwar schwerer, an eine Tauch-Ausrüstung zu kommen, aber man kann ja auch schnorcheln gehen, was sehr entspannend ist.

Letzten Sommer, als ich an der Cote Azur bei [*Cousine*] Marie S-W-B. war, waren wir auch schnorcheln. Weil ich da aber noch nicht meinen Tauchschein hatte, wusste ich nicht wirklich, wie harmlos das Meer eigentlich ist. (Ich hatte wahnsinnige Angst vor Quallen, Haien …). Als mir dann einmal eine kleine rote Qualle an der Nase vorbeigeschwommen ist, bin ich, nach einem hysterischen Schrei und schrecklichem Herzrasen, so schnell geschwommen wie nie zuvor in meinem Leben. Das einzig Blöde war, der Strand, wo ich gelandet bin, war ein FKK- Strand, wo mich alle (Nackten) wie einen Außerirdischen angestarrt haben. Also musste ich gezwungenermaßen zurück ins Meer und zur nächsten Bucht schwimmen, wo unser Strand war.

Es ist schon wirklich erstaunlich: Sobald man ins Meer eintaucht (als Flaschentaucher, nicht Schnorchler!), ist man kein Mensch mehr. Ich kam mir vor wie ein Fisch. Ich war vor dem ersten Tauchgang furchtbar aufgeregt, aber sobald ich unter Wasser war, war ich die Ruhe in Person. Es war alles zwar ein bisschen neu und ich hatte kleine Probleme mit der Strömung, aber es war atemberaubend!!

2. März 1995

Ich sitze gerade in der Schule, wir haben Religion. Wir reden über Sekten. Schrecklich, was man alles so über Sekten-Opfer hört. Am schlimmsten finde ich die Scientology-»Kirche«. Die sagen jetzt schon, dass die Abneigung der Nicht-Scientologen gegen sie vergleichbar mit der Judenverfolgung ist. Die spinnen: sich zu vergleichen mit den *wirklich verfolgten Juden*. Was soll man da sagen? Die bekommen täglich Hunderte von neuen Mitgliedern, die zum Teil gar nicht wissen, dass sie es mit einer Sekte zu tun haben. Sie bieten Kurse an, die ganz harmlos ausschauen, Psychologie-Kurse etc. In einem Ort in der Nähe von Fuschl, haben sie in der Bank schon Zettel für solche Kurse ausliegen gehabt. Die Menschen dort kapieren ja nicht, was die Scientology ist oder wie schlimm die sind. Das ist reinste Manipulation. Ich bin ja eigentlich absolut tolerant, aber bei solchen, offensichtlich mit schlechten Absichten versehenen, ist's mit meiner Toleranz am Ende. Die großen Weltreligionen interessieren mich, ich würde wegen einer anderen zwar *nie* meine eigene aufgeben, sie interessieren mich jedoch einfach wissenshalber. Aber von Sekten halte ich mich lieber fern. Eigentlich kann man die Scientology oder die Zeugen Jehovas oder die Mun-»Sekte« nicht mehr als Sekten gelten lassen, eher als Wirtschaftsimperien. Sekte ist nur der verharmlosende Name dafür. Aber die Zeugen Jehovas haben echt einen Schuss! Laut denen hätte die Welt 1914 untergehen sollen …!?!

Ich kann von Glück reden, dass ich sehr stark verwurzelter Katholik bin, also nicht in solche Sekten hineinrutschen kann.

Gerade hatten wir Sport, als ich in die Klasse komme, ist eine Fensterscheibe zerschlagen und überall Blut. Soo grauslig. Ein Mädchen aus meiner Klasse hat das Fenster versehentlich mit dem Ellbogen zerschlagen.

Freitag, 3. März 1995

Das Mädchen hat eine Sehne und einen Nerv durchtrennt. Heute ist sie wieder da mit Gips und Verband. Wir haben jetzt Geschichte, ich mag Geschichte überhaupt nicht. Wir sind im Moment an der Französischen Revolution, eigentlich sollte ich abschreiben, was an der Tafel steht, aber das ist so blöd. »Schreckensherrschaft d. Jakobiner«, »Wohlfahrtsausschuss 1793« … (saublöd). Gleich haben wir Deutsch und ich habe die Hausaufgaben nicht. Sie wird mich umbringen: Um 10 nach 2 fahren Mami, Louis und ich nach Berlin. Dort ist eine Tourismusmesse, die ITB. Mami muss dort hin, weil wir in Sayn viele Sehenswürdigkeiten haben. Ich komm mit, weil ich dort die Funktion als Mamis Sekretärin übernehme.

Ich hab gerade noch so geschafft, meine Deutsch-Hausaufgaben zu machen. Die Deutsch-Lehrerin ist so mühsam, ein richtiger Drache. Jetzt schreien gerade alle rum, weil es Heftnoten gab und alle sich ungerecht benotet vorkommen.

Casi ist gestern gerade so knapp mit einer Notlüge an einer Suspendierung vorbeigerasselt. Er wurde beim Rauchen erwischt und hatte mit Tabak gehandelt und hatte eine Flasche Port im Zimmer. Na ja, etwas bestraft wurde er schon. Tut ihm ganz gut. Die Notlüge ist jedoch ein großes Problem. Wenn herauskommt, dass er mit Tabak gehandelt hat, wird es brenzlig für ihn, er hat gesagt, er würde es zum Eigengebrauch haben, nicht zum Handel.

Er ist jetzt nicht mehr Monitor von seinem Haus im Internat in England (Monitor ist Zweiter unterm »Boss« im Haus) und außerdem muss er wieder in der Bibliothek Hausaufgaben machen statt im Zimmer und wurde in ein schlechteres Zimmer verfrachtet. Hoffentlich wirkt sich das nicht negativ auf seine Konzentration aus, denn er macht seine Examen in den nächsten vier Monaten.

Nächsten Mittwoch gehen wir ins Landesgericht, es werden zwei Fälle verhandelt. Ein Raub und Diebstahl und der andere Drogenmissbrauch. Ich fange an, mich für Rechtswissenschaft zu interessieren. Ich würde jedoch nicht Jura studieren, das ist zu trocken, zu viel Theorie.

Ich bin in Berlin, wir haben ein lässiges Mietauto, der neue VW Polo in rot. Er fährt sich ganz gut, hört sich an als würde ich selber fahren, konfus … Wir wohnen bei T. Diemut [*Filippas Taufpatin*]. So, ich muss jetzt schlafen gehen, bin eh müde, merkt man es? Ja, ja, so grausam können Mütter sein … Mami sitzt neben mir, ich schreib wirklich nur noch Blödsinn.

Also Gute Nacht, Fli.

Samstag, 4. März 1995

Der erste Messetag verlief ganz gut. Wir haben von allen Ständen Souvenirs abgestaubt. Ich habe heute so eine Sauklaue, ich werde mich bemühen ordentlicher zu schreiben. Also gleich ist hier ein Abendessen mit lauter Berlinern, wahnsinnig aufregend.

So, das Abendessen ist auch schon vorbei. Also, der Louis, 12 Jahre, und Clemens [*Sohn von Tante Diemut*] haben beschlossen, alle Weinflaschen, die vom Servieren noch halb voll bzw. leer waren, zu leeren. Die waren beide »dachlattenstramm« zu. Louis hat sofort von Mami Servierverbot bekommen, als er das erste Mal gegen den Schrank lief.
So, ich werde jetzt schlafen, denn ich bin schon wieder saumüde und schreibe wieder nur konfuses Zeug.

Nächtle, F.

5. März 1995

Heute ist Sonntag, der 5.3.95, ich sitze im Flugzeug auf dem Weg von Berlin nach Köln.

Louisa [*Tochter von Tante Diemut*] und ich sind heute durch alle Hallen des ITB Messegeländes (Internationale Tourismus Börse, weltgrößteTourismusmesse) gelaufen, so schön. Man kann es fast mit einer kleinen Weltreise vergleichen. Die ausstellenden Länder haben teils so schöne Stände. Am schönsten waren die vom Mittleren Osten (Qatar, Jemen, Oman), von Afrika und von Indien. An einem Stand der Vereinigten Arabischen Emirate hat uns eine Frau die Hände mit Henna bemalt. Das Zeug, also die Malerei, bleibt jetzt vielleicht einen Monat drauf, weil ich die braune Hennapaste anstatt eine Viertelstd. 75 Min. hab einwirken lassen. (Jetzt gerade habe ich die 2. Hand abgewaschen.) Gestern hat mir eine Frau aus Bangladesch einen Picker auf die Stirne gegeben. Normalerweise sind die roten Filzpunkte, die die Inderinnen immer auf der Stirn haben, so groß wie ein Tropfen. Meiner war aber doppelt so groß, länglich und gezackt und alle haben mich blöd angestarrt. Wahrscheinlich war's der Sonntagspicker, er hatte so buntes Glitzer drauf …

Montag, 6. März 1995

Gerade eben war ich beim Doktor wegen meiner Halsentzündung und Ohrentubenkatharrh, beides noch anwesend. Er sagte, dass ich heute und morgen nicht in die Schule gehen darf/brauch. Eine sehr angenehme Nachricht. Der Doktor ist so lässig und komisch. Wir verdanken ihm viel, auch ein hohes Schmerzensgeld nach unserem Unfall im April 91.

Der Unfall hätte für alle tödlich ausgehen können, weil wir damals mit einem Mitsubishi-Scheißblech-Bus mit

130 km/h einem LKW aufgefahren sind, uns überschlagen haben, von der linken Spur auf dem Autodach über die mittlere Spur zur Standspur, gegen die Leitplanke gerutscht sind. Hört sich arg an, aber wir sind mit relativ geringen Schäden davon gekommen. Die Einzige, die es bös erwischt hatte, war Mitch [*Au-pair-Mädchen aus Australien*], die hatte in ihrem rechten Knöchel so ziemlich alles kaputt, was man brechen oder reißen kann. Gottseidank traf uns bei dem Autounfall absolut keine Schuld. Der Scheißfahrer des LKW ist halt ohne zu blinken viel langsamer als wir in unsere Spur gefahren. Nach dem Unfall, als alle aus dem Auto draußen waren, meinte Louis nur: »Eigentlich wars gar nicht so schlimm. Es war sogar lustig, weil die Leselampe auf einmal am Boden war …« Scherzkeks. Aber es war ganz komisch, zu dem Zeitpunkt fanden wir's natürlich grausam, weil ich im Mitsubishi-Bus vorne in der Mitte saß und mit meinem Knie beim Überschlagen das Radio laut gedreht hatte und auf einmal Supertramps »It's raining again« auf voller Lautstärke lief. Als das Auto dann endlich auf dem Kopf zum Stillstand kam, versuchten wir erst einmal aus dem Auto zu kommen. Das Abschnallen ging nur ein bissl schwer, weil wir ja kopfüber da »hingen«. Alex, die Fahrerin, wollte sich dann abschnallen, hatte ihren Abschnaller mit meinem verwechselt und ich bin »volle Kanne« mit dem Kopf auf den Boden gedonnert.

Der Doktor hat der Versicherung dann alles aufgezählt, Schleudertrauma, Verfolgungswahn, Alpträume … Wir hatten wirklich den größten Schutzengel auf Erden. (Wieder einmal eine sehr interessante Geschichte …!?)

7. März 1995

Heute ist Dienstag, der 7.3.95. Der letzte Tag, wo ich ausschlafen konnte. Morgen hätte ich wieder Schule, aber wir gehen ja glücklicherweise zum Gericht. Heute habe ich endlich die Fotos von Salzburg zur Entwicklung gebracht und morgen bekomme ich hoffentlich Post. So, jetzt hör ich auf, weil ich sonst morgen nicht aus dem Bett komme ...

Gute Nacht

19. März 1995

Heute waren wir in einem Fischrestaurant, es war ziemlich köstlich. Als Hauptgang gab es neben Schwertfisch und Wels Hai!!! Ich habe mich am Anfang ziemlich gegraust, aber als ich den Hai dann probierte, schmeckte er wie Hendl oder Kalbfleisch, einfach köstlich. Aber die Vorstellung, na ja, man weiß ja nicht, was der Hai schon alles gefressen hatte (Fische, Taucher ...)

Eigentlich gibt es nicht allzu viel zu berichten, außer, dass ich schon wieder krank war, was sonst normalerweise nie passiert. Es hatte auch seine positiven Seiten, denn ich durfte zwei Tage zu Hause bleiben. So, leider weiß ich nicht mehr, was ich schreiben soll, einen Steckbrief? Okay, ich kanns ja mal versuchen.

Geb.: 23.07.80
Augenfarbe: blau
Haarfarbe: blond
Sehr langweilige Kombination, halt richtig deutsch.
Sternzeichen: Löwe (glaube jedoch nicht an diesen Schmarrn)
Größe: z. Zt. 174 cm
Ich liebe …
Musik: Led Zeppelin, Pink Floyd, Phish, Supertramp, Gratefull Dead, Pearl Jam, ach, es gibt soo viele Gruppen, die ich ganz gerne habe. Aber meine absolute No. 1 ist Led Zeppelin.
Beschäftigungen: Musik hören, kaufen, machen. Einfach mit guten Freunden zusammen sein, ins Kino gehen, Reisen, manchmal koch ich ganz gerne, werkeln, Telefonieren, mich bilden (?!)…
Sport: Tauchen, mit Abstand!! Danach kommt Schwimmen, Schnorcheln, Tennis, Skifahren, ich mach sonst alles sehr gerne. Tauchen ist jedoch eine Sache, die mich schon, seitdem ich denken kann, beschäftigt. Ich lese und lerne gerne, wenn ich Zeit habe, viel über das Meer, Tauchen, Fischen …
Farbe: blau, braun, dunkelrot, gelb u. v. m.
Kleidung: (wie blöd, ich weiß) mir wurscht. Jeans & T-Shirt, was gemütlich ist, lange Röcke, alles was man im Sommer anziehen kann. Dieser Punkt ist nicht so wichtig.
Land: Ich kenne leider alle noch nicht, aber von Fotos & Erzählungen klingt Kenia ganz aufregend. Botswana in der

Regenzeit, wenn alles blüht. Spanien, aber nur dort, wo keine Touristen sind. So ziemlich im Herzen des Landes (Toledo), Argentinien, Jemen, Chile, … Eigentlich hat jedes Land seine schönen Seiten.
Stadt: Brüssel ist herrlich. Night- + Daylife. Ich war relativ oft schon dort (sehr interessant?!?!)

Später möchte ich erst einmal Kunstgeschichte studieren und zwischendurch, wenn es geht, in einem Ozeanologie-Institut arbeiten, oder besser lernen. Irgendwann, bevor ich dreißig bin, heiraten, wenn es geht, bevor ich achtundzwanzig bin. Habe jedoch (bin eh noch jung!) noch niemanden speziell in Aussicht. Hauptsache, er ist zuverlässig, verständnisvoll, nach Möglichkeit treu, nicht zu langweilig, aufmunternd … Ich würde mich auch anstrengen (wenn es sein muss …), seinen »Anforderungen« so gut es geht nachzukommen. (Was für einen Blödsinn ich hier schreibe!) Er sollte nett zu Kindern sein, halt ganz schlicht und einfach sollte er mein bester Freund sein.
So genug für heute. Ich schlafe gleich ein, weil es ist bereits 2:20 Uhr nachts.

Bis bald
Filippa

2?. April 1995

Wie gesagt, wenn jemand eines Tages meine Geschichte liest, sollte er *oder sie* (der heutigen Emanzipation zuliebe) wissen, dass ernsthafte, wichtige Gedanken nie in ihrer Vollständigkeit zu Papier gebracht wurden. Insofern man diese Gedanken, fast alle in dieselbe Richtung gehend, in dem Alter als wichtig oder ernsthaft bezeichnen kann. Aber etwas von diesen Gedanken, wenn auch nicht alles, musste aussortiert werden, der Rest wurde vergessen oder verdrängt. Let's just forget about those thoughts. I feel like writing another little Steckbrief, okay? Okay!

NAME:	BLÖD SAYN
VORNAME(N):	MARIA FILIPPA PIZZA MARGHERITA
STRASSE:	LONDHOS
PLZ:	90210
ORT:	BAVALIHILS
BERUF DER ELTERN:	VATER: MILSCHMANN MUTTER: HAUSMEISTER
NAMEN DER ELTERN:	AL, GABI
GEBOREN:	23.07.80
IN:	KOBLENZ/KEM.H.
STERNZEICHEN:	LÖWE
HAARFARBE:	BLOOND
AUGENFARBE:	BLOU
GRÖSSE:	1,75 M

SCHUHGRÖSSE: 40
GLAUBENSANGEHÖRIGKEIT: JUDÄISCHE VOLKSFRONT (SPALTER!)

ALLES, was bis hierhin in diesem absolut überflüssigen Buch stand ist TOTALLY BULLSHIT.

19. Mai 1995

Returned from Rome, I love Roma.
War wieder einmal wirklich traurig, meinen Aufenthalt irgendwo abzubrechen. Mit der Klasse haben wir viel erlebt, wohnten in der Via Milazzo 8, Hotel Luciani (Puff!!), grauselig, klein. Na, ich hoffe, dass ich bald wiederkomme. Traf Tauner und Moni M. mit ihrem Bruder, Frau und Mutter im Lateran, Kulturprogramm und Essen mit inbegriffen. Habe bei Domitilla, Clemente & Co (Mamis Verwandte) Mittag gegessen und bin shoppen gegangen. Am Abend mit den schönsten Männern (Europas) Italiens ausgegangen, eher wieder Kulturprogramm, jedoch vom Feinsten mit Eis und Vin Santo am Campo de' Fiori. Giulio und Giovanni (meine italienischen Vettern) führten mich rüüührendst, irrrsinnig nett und lustig, durchs Centro. Habe es geliebt, leider zu kurz, muss wieder kommen, alleine schon, um die zwei wieder zu sehen. Giulio ist der Nettere, Normalere, habe ihn sehr gerne, Giovanni sieht dafür seehr gut aus und ist interessant, Giu

auch, nur anders, sieht auch geilst aus. So, Spanien kann einpacken. Erasmus für Kunstgeschichte nach Rom, davor, nach dem Abi, erst mal Italienisch pauken Ach, ich will zurück, muss weinen … Roma, so'n schönes Fleckschen Erd! Duftissimo! Ach, ach, diese Italiener, einfach von den Socken hauend, wei o wei!

Fli.

Notizen zum Programm in Rom 14.–19. Mai 1995
Donnerstag: Petersdom, Pzza. Navona
Freitag: Prassede (Mosaik!), Trajanssäule, Mamertinischer Kerker, S. Pietro in Vincoli (Moses-Michelangelo)
Samstag: Lateran, Katakombe S. Sebastiano + Kirche, Caecilia Mettelas Grab (Schwiegertochter von Crassus), Maria Sopra Minerva (Engel von Filippino Lippi, hinten rechts), Obelisk und Bernini-Elefant und Tartarughe Brunnen, Pzza. Mattei, Pantheon (Grab Raffael), Saint Louis des Français (Caravaggio hinten links) Loggia dei Mattei – Palatino und Decke (Fresco) ist römisch und sehenswertest, Antiquariat direkt daneben, neues Museum, klein, Skulpturen aus Apollotempel (teurer Eintritt), sehr sehenswert.
St. Paul vor den Mauern.

21. August 1995

Niemand kann 50 Eier essen.
Heute 1. Schultag nach meinen Sommerferien! Genau wie zu diesem Zeitpunkt vor einem Jahr warte ich auf die große Depression, den Knall, wo das Geheule losgeht, wo ich realisiere, dass die mal wieder zu geilen Ferien SCHON wieder (viel zu schnell) vorbei sind. Dieses Jahr besonders, denn in diesen Ferien lernte ich so viel wie noch nie zuvor für das Leben. Ich lernte so einiges über mich, Dinge, die ich gar nicht realisierte. Fehler, Lücken, schlechte Eigenschaften et cetera. Ich habe einigen Lastern für gewisse Zeit entsagt, Dank der Hilfe von ein oder vielleicht zwei Personen, Menschen, die mir dafür umso näher stehen. Andererseits sehe ich, fast wie in einem Spiegel nur noch etwas übertriebener, wie eine andere in die gleichen Fallen tritt, wie ich es vor einem oder gar nicht einmal einem Jahr tat. Ich hoffe nur, sie hat den nötigen Tiefgang, die gebrauchte Seriosität, die offenen Augen und eine gewisse Lernfähigkeit, um aus den herbeirasenden Fehlern zu lernen! *Sollte nicht heißen, dass ich sie hatte oder habe.*

Aus dem Drang, diese Fehler zu begehen und in manch einer Situation schwach zu werden – wo man es nicht sollte, wächst man (vielleicht nicht in jedem Falle) heraus. Ich fiel in diesen Ferien ein paar Mal gehörig auf die Schnauze, lernte und gab das Gelernte schnell weiter an diejenige, die es brauchte.

Ich begann wieder zu träumen, zu hoffen auf etwas, was mich erfüllt, ich stand Gott so nahe wie vor einem Jahr in

Glanegg, ich versuchte Indulgis plenar, einen Ablass für den verstorbenen Vater eines guten Freundes zu machen, der vor einem Jahr nach Hause ging. Ich fand jedoch nicht den Moment, um 8 Tage vorher oder nachher zur Beichte zu gehen. Ich habe auch einen Druck auf der Seele, weil ich viel zu selten Gott so nahe stehe wie z. B. letztes Jahr in Glanegg. Ich finde selten die Ruhe, um mich dessen zu besinnen. Abends beeile ich mich mit dem Beten, um noch vor dem Einschlafen Zeit zum Träumen zu haben, zum Träumen von Menschen, von der Natur, von den Sternen, der Sonne, dem Mond, der Musik, von einer Erfülltheit in Gott mit allen schönen Naturerscheinungen, den Sternen … einem mir nahe stehenden Menschen.

Ich rede schon wieder nur um den heißen Brei herum, einfach aus Angst, jemand könnte diesen letzten Eintrag ohne die nötige Ruhe und ohne das nötige Verstehen, die nötige Seriosität lesen. Ich erzähle nach einem guten Witz ja auch keinem Menschen meine Gedanken oder Gefühle. Auf jeden Fall sitze ich hier um 5 vor 11 auf meinem Bett und vermisse eine Person sehr, sehr. Eine Person, von der ich nicht weiß, ob ich jemals – mir fehlen die Worte, Verzeihung. Diese Person ist nicht da. Dann vermisse ich noch eine Person und von einer träum ich, bei deren Anblick bekommt man die Kinnlade nicht mehr hinauf: A totaler WAHNSINN. Der Haken ist, dass ich diese Person nicht so gut kenne, wie die beiden anderen. Ich gleite schon wieder ab!

Fakten: Morgen gehe ich in die Schule, ich sehe nur Menschen, die nicht meine allerbesten Freunde sind, diese sehe ich erst in einigen Monaten wieder oder in ein paar Wochen. Ich werde jeden Tag in die Schule gehen, bis ich wieder einen Tag frei habe, ich werde mich dieses Schuljahr mehr anstrengen! T. Teresa kommt am Mittwoch, Alex und Cari am Wochenende. Alex ist schwanger, by the way. Im 6. Monat. Am 14. Dez. ist's soweit. Am Burgen- und Parkfest kommen hoffentlich einige meiner engsten Freunde. Okay, genug bis dann, noch eine schöne Zeit in der Ewigkeit der Seelen.

Filippa

PS Ich war noch nie so HOFFNUNGSLOS verliebt wie in diesen Ferien. Es ist kaum auszuhalten. Gott hilft mir dabei sehr. Wenn man wagt zu lieben, riskiert man sehr viel. Man jongliert mit den eigenen Gefühlen. Sie unter Kontrolle zu halten, ohne wahnsinnig zu werden, ist sehr schwer.

22. August 1995

Der 2. Schultag. Es lief so weit ganz gut. Morgen habe ich die erste frei, dafür aber bis halb vier Unterricht. Ich habe seit zwei Tagen gelegentlich Bauchweh. Aber irgendwie geht eine Darmgrippe umher. Was ich gestern schrieb, war so ziemlich mein Ernst. Was unter PS steht, stimmt. Wenn man es wagt sich zu verlieben, aber genau weiß oder glaubt, dass es in der näheren Zukunft kein Happy End gibt, ist es dumm! Oder man lässt sich leicht verführen, sich in solche »Tragödien« hineinzusteigern. Ich höre jetzt auf, ich brauche Schlaf: Ich muss wieder kräftig werden, ich will doch endlich regelmäßig (mehrmals i.d. Woche) Tennisunterricht bekommen bzw. T. spielen. Ich möchte T.-lehrer werden. Aber z.Z. ist mein Blutdruck ziemlich niedrig.Trotzdem gute Nacht. All mein Meer.

Filippa

PS Ich werde mich bessern

1. September 1995, 2–3h morgens

(Led Zeppelin: »Stairway to heaven«, »The rain song«, »Going to California«)

Ich habe mich gebessert. Hoffe ich zumindest. Heute war wieder ein toller Tag mit bayrischem Himmel. Das Wetter war/ist zwar kalt, sieht man aber ab und zu den blauen Himmel, wird es einer der schönsten Tage meines Erdenlebens und das so oft!! Ist es nicht schön?!
Heute sah ich den »Geheimen Garten«, ein Wahnsinnsfilm. Ich habe schon wieder eine Sauklaue! Ich höre jetzt auf, denn mein Nacken ist schon steif. Nächtle ...!

Fli.

5. Oktober 1995

Das Laub fällt, Die Vögel fliegen der Wärme nach, Wolken, Monate vergehen.
Morgen beginnen die Herbstferien. Freue ich mich. Dieses Jahr zwei Wochen frei! Maria war für 4 Tage hier, also sie wohnt hier, sucht aber eine Wohnung in Bonn. *Hat mir lauter Klamotten geschenkt!!!* Ich habe gestern Abend sehr lange mit ihr geredet. Ich kann sehr viel daraus lernen. She was a little the same but more extreme, less belief. I learn more and more words from her: cebolla, cuchillo, apparatos (Zwiebel, Messer, Zahnspange), soo cool and I hope I can visit her often in Bonn! So now I have to pack!

Good night
Fipsi

7. November 1995

Ich sitze gerade auf meinem Bett und schreibe mit S. [*eine Schulfreundin*] unser Referat (gerade nicht). Es läuft Mrs. Marmelade und draußen ist es kalt. So, S. will mich mit einem Typen verkuppeln, der P. heißt. Bin mal gespannt, was daraus wird, falls überhaupt etwas daraus wird! Schon etwas eigenartig, aber auch total spannend. P. hat braune Haare, raucht nicht, ist schüchtern, letzte Freundin war ein A... und (jetzt kommt's): ER IST JUNGFRAU! (Schon mal positiv!) Er fährt einen Golf (wie Casi) und hat, das ist der Hammer, RENNFAHRERproletenGURTE! P. ist beim Bund und findet einfach keine Freundin. S. ist der festen Meinung, dass wir wie Plus und Minus zusammenpassen, besser noch: wie Tristan und Isolde, Romeo & Julia, Amor und Psyche, Zeus und Hera, Hercules und Cassiopaya, Caesar und Cleopatra, wie Bonnie und Clyde, wie Humphrey und Ingrid, wie Micky und Melody, wie Elvis und Priscilla, Michael und Lisa Marie, halt einfach das perfekte Paar. Jeden Tag lese ich meine alten Tagebücher und lache mich tooootal schief bei dem totalen SCHMARRN, der auf den Seiten steht! Nur »lieber Gott, ich liebe ihn sooo ..., bitte mach ...« und so ein Kokolores.

Aalso, S., by the way ist now my best friend, I know that ganz sicher. Sie ist so übermäßig süß, s'glaubt man goanet! Als ich vor einiger Zeit nach dem Wort »FAKTEN« schrieb, dass ich in der Schule nur Menschen sehe, die NICHT meine besten Freunde sind, lag ich total FALSCH! S. erzählt mir (so gut wie) alles, ich ihr, heute war sie ja da, morgen gehe ich zu ihr. Referat. Sie hat ziemlich Probleme mit den Eltern. Die machen totalen Stress! Na ja, sie dachte schon ernsthaft an den Sprung von der Brücke. Ich werde es einfach nicht zulassen. Sie ist so viel für mich geworden. Nicht nur eine Schulbekanntschaft die »ganz nett« ist, sondern eine Freundin, die ich den Rest meines Lebens nicht vergessen werde.

Gestern rief G. an. Er wollte mit mir ins Kino. Gestern musste ich für Chemie lernen, also wurde es verschoben.

Mami hat mir den Ausgang jedoch verboten. Mir wäre sowieso nicht wohl bei der Sache. Wer weiß, was die Laberbacke von mir will. Kidnapping? Oder raping?? Oder brings he me into a situation in which I don't know how to react? Who knows. Maybe he »only« wants to go to the movies with me etc … Auch gut. But why me? Nee, ich lasse nicht locker. Ich wills wissen! Hähä! So.

Ach ja. Wir haben jetzt die Rose [*Sr. Rosemaria*] in Reli. Tootaal geil, sag ich dir! Die macht mit uns Psychologie und Soziologie, aber auch viel, sehr viel Philosophie. Saugeil.

Ich freue mich schon so auf den Tauern. Ich freue mich auch riesig auf D. Ich habe ihn seit Februar '95 nicht gesehen, er glaubt sicher, dass ich nichts mehr von ihm wissen will, weil ich ja ziemlich motzig war, als er mir an Pfingsten einfach kurzfristig absagte. War ich ja auch, aber traurig bin ich deswegen schon, weil er mir in »unserer« Zeit *sehr* ans ♡ wuchs. Er war schon ein Schnuggi-Butzi, ne?! Das war schon ne hot story. Von ihm und mir aus hätte's was werden können, aber betrachtet man die Distanz (in Metern oder km …) zwischen uns … Das hätte nichts Gscheides werden können ohne 100% ♡ auf beiden Seiten. Also vielleicht mit 100% von ihm aus, ziemlich sicher auch, wenn man betrachtet, was er immer »p. s.« und »p. p. s.« in Briefen schrieb (irrsinnig süß!). Aber ich hätte bestimmt nicht vorgehabt for long mit ihm zusammen zu sein. Man soll ja von Distanz-Lieben nicht viel erwarten.

Bussi
Fli ♡

20. November 1995

GAGAA!
Allso, isch bin jetzt auf Entzug, äh, auf Einkehrtagen bei Euskirchen, es gibt mir so weit sehr viel (RUHE). Neues lernen tue ich nicht, aber man sieht und hört einmal, was alle anderen denken und fühlen.

So, ich sagte, ich würde was von P. erzählen:
Ich habe ihn kennen gelernt, Also, ich muss sagen, dass er gar nicht so ein dufter Traum-Typ ist. Aber jetzt will der vielleicht was von mir, aber ich nicht von ihm.

Wir hatten unsere Jagd in Eltz und Sayn, saugeil war das. Es waren viele Freunde da, und isch ah und de Heinrisch auch. S'war auch so n' geile Schnecke aus Dänemark da. Otto oder so was. Mitte 40 schätze ich, aber top war der und schtiinke-raisch! Diamonds are a girl's best friend.

So, ich bin mal wieder verknallt, nicht der alte Kram, auch nicht der Däne, nee, nee! Et is wer anners.

Nächtle
Fli

PS Ich habe D. geschrieben an seinem Geburtstag. Mal auf ne Antwort warten. Bin mal gespannt was der so schreibt. So, noch einmal, weil es so schön war:
Nächtle
Fli

21. November 1995

Gude!
Ich muss lernen, Menschen *so* zu akzeptieren, wie sie sind, und nicht vorne hui und hinne pfui!

22. November 1995

Tach!
Bin müde! …
Heute war unser Schweige-Tag. Hab's so halbwegs geschafft. Papi hatte Geburtstag, hab ihm n' Aquarell von der Burg gemalt. S'ist total schön.

Also, heute hamma MANDALAS gemalt und zum Teil auch meditiert. Ich habe versucht viel zu geben, damit ich mir auch was aus den Tagen (mit-)nehmen kann. Mir (selber) bedeuten diese Tage sehr viel, weil ich wieder einmal viel gelernt habe. Herr, ich danke Dir dafür. Vater, ich danke Dir dafür. Ich hoffe, Du hast den Brief, den ich heute geschrieben habe, bekommen. Es hat mich gefreut, Dir schreiben zu dürfen! Den Brief hätte ich gerne behalten, aber Du hast ihn ja hoffentlich jetzt. Bitte erhöre meine Bitten. Ich fand es sehr schön, dass wir den Brief an Dich schreiben durften/konnten. Sr. M. Violén macht das öfter, sie behält die Briefe jedoch. Ich glaube, dass ich das auch machen werde. Ich habe nur Angst, dass jemand die Briefe ohne die nötige Liebe und

Seriosität liest und es nicht ernst nimmt, aber das kann mir doch eigentlich egal sein, oder?
Herr, ich fand heraus, dass ich eine Mischung aus einem Sanguiniker und einem Melancholiker bin.
(Ich merke gerade, dass ich Dir schon schreibe, ganz unbewusst geschieht das jetzt! DANKE!) So, ich darf jetzt schlafen oder, bitte! Danke.
Ich liebe Dich und bin Dir auf Ewig dankbar.

Bis morgen
Filippa

23. November 1995

Wieder zu Hause.
Es waren tolle Tage in Maria Rast! Danke, danke, danke. Ich versuche alle guten Vorsätze zu halten. Ganz hinten im Tagebuch liegt ein Brief von allen aus der Klasse, was sie an mir mögen!!! Total süß! Ich hoffe, dass sie mit dem, was sie bekommen haben, genauso glücklich sind wie ich. Gott, Vater unser, ich bin vaknallt! Weißt ja, in wen. So, gute Nacht, ich muss jetzt schlafen!

Auf ewig Dein
In Liebe Filippa

24. November 1995

So, es ist der 24.11.95. In genau einem Monat ist WEIHNACHTEN.

Am 22sten Dez. fahren wir nach Fuschl, am 26. bin ich dann am Tauern. D. hat mir leider noch nicht zurückgeschrieben, heute ist Freitag und ich hab ihm Dienstag vor einer Woche geschrieben. Gründe hätte er ja genug! Leider. Auf jeden Fall bekomme ich jetzt am Montag zwei Weißheitszähne raus und Dienstag ist Mami bei Ilona Christen in der Talkshow, nur als Zuschauer, der auch seinen Senf zu Adelsangelegenheiten abgibt. Es handelt sich hauptsächlich um FALSCHE Adelige, »von Sayns« gibt's ja genug. So, wieder mal Nächtle, ich muss jetzt »unkultiviert schlafen« = pennen.

Lieber Gott, danke
Deine Filippa

Gott regiert in Liebe die Welt.
Liebe ist Anfang
Liebe ist Mitte und
Liebe ist Ende.

25. November 1995

Gott liebt mich mit ewiger Liebe!
Von Ewigkeit her
als sonst noch niemand
mich kannte und an mich dachte,
als noch keiner sich für
mich interessierte,
da liebte er mich schon,
da lebte ich bereits in seinem Geiste,
ähnlich wie das Bild
im Geiste des Künstlers lebt,
ehe er es schafft.

Pater Josef Kentenich

Eigentlich ein sehr schöner Gedanke, Gott liebt dich. Heute habe ich mit Franz im Extra III »Clueless« angeschaut, mit Alicia Silverstone als reiche Beverly Hills-Tante, die sich nach einigen Hin und Her in ihren Stiefbruder verliebt. Der Stiefbruder sah ganz schön gut aus; wär was für mich gewesen.

Morgen, es ist ja schon Sonntag (10 nach!), genau, Montag ist mein Termin um 11:15 beim Zahnarzt, Weisheitszähne kommen raus! MIST! Es wird schon alles glatt gehen!

Gott liebt mich! Ich liebe Gott!! So, ich muss schlafen!

Übrigens wollte ich heute G. mit ins Kino nehmen, er hatte mich ja bereits zweimal gefragt, ob ich will, er war

jedoch *nicht* da! Pech gehabt. Ich freue mich schon sehr auf den Tauern. Ich bin mir nur am überlegen, was mit B. werden soll, es muss ja nichts Ernstes werden, kann aber. Ob ich's will? Weiß nicht. Ob er's will? Weiß ich auch nicht. Egal, ich lasse es auf mich zukommen!!
Ich liebe Dich (Gott! Nicht B.!) auf ewig.

Deine Filippa

26. November 1995

Heute bekamen ich und Louis unseren Firmtermin:
24. März.
Es schaut so aus, als wäre ich in MARIA RAST ein anderer Mensch geworden. Keine Angst, ich bin noch dieselbe. Aber: Man kann nie zwei Mal in denselben Fluss springen, denn wenn man das zweite Mal springen will, hat man – wie auch der Fluss – sich verändert.

Nacht!
Fli
Morgen ist Zahn-Tag!

1. Dezember 1995

Zahn-Tag ist schon vorbei!! Heute ist der 1. Dez. 95. Freitag, endlich Wochenende. Ich habe immer noch eine dicke Backe und die Klappe krieg ich immer noch nicht zu. Das mit dem Essen ist auch eine Geschichte für sich. Ich wiege schon (immerhin fast) 3 kg weniger !!
Nicht so unpraktisch wie ich dachte. Allerdings hat der Trottel von Zahnarzt einen Abnäher in meine Backe gemacht und wie es jetzt aussieht, wächst das Fleisch meiner Backe jetzt an meinen U-Kiefer an. SAUGEIL!
Just what I wanted … But it shouldn't be a problem.
I just have to get used to it.

2. Dezember 1995

Ich kann wieder essehän!
Heute habe ich:
1 x Vitalis m. Milch
1 x Mc Bacon
1 x Pommes rot
1 x Rattattatouiiille
1/2 x Mohnbriedscha [*Mohnbrötchen*]
1 x Finncrisp m. Budda [*Butter*]
2 x Finncrisp m. »Le Parfait« + Appenzeller
gegessen.
Ganz schön zu viel !!

Morje iss et aver jut mit der Maßlosigkeit. Und, today I smoked mai först Phil. Morris after a week.

Heute war ich noch dazu lange mit Mami und Sofia einkaufen. Bekomme zu Weihnachten 1x Stefanel Boots in schwarz. – Und die Alex bekommt ihr Baby. Aber das durften wir nicht aussuchen. Das bekommt sie auch früher. – So, nachdem ich nur Kokolores geschrieben habe, noch ein etwas tieferer Abschluss:
Alles, was möglich ist, kann passieren.
Morgen.

Filippa

3. Dezember 1995

Ich habe mich entschlossen, da ich ja viel zu lang nur Kokolores schreibe, mich jetzt auf mehr Qualität als bloß kokolore Qualität zu beschränken. Heute war die Jahreshauptversammlung d. Kirchenchores St. Marien. Ich bin jetzt schon über 2 Jahre Mitglied, gut gell. Morgen werden um 2.00 h meine Fäden (endlich) gezogen.

Zur Zeit hängt die Vorstellung eines eventuellen Ski-Wochenendes am Stubai Gletscher noch ziemlich in der Luft wie ein Luftballon und darüber das Damokles Schwert, nämlich zwei Schularbeiten von Louis und mir, die gefährlich nah an diesem Wochenende liegen. Wir wären dann Freitagmittags, direkt nach – Louis sogar während – dem Unterricht abgehauen, um nach Minga [München] zu fahren. Von dort aus wäre es zum Stubai hinauf gegangen. Am 9. ist Maria T's Geburtstag und der wird dort auf Marias Wunsch ohne ihre Mutter gefeiert. Sonntag irgendwann ginge es dann zurück nach Hause. Fragt sich nur, ob es zeitlich hinhaut, die ganze Sache wäre nämlich arschknapp. Was solls, hoffen wir weiter, dass es geht. Gute Nacht.

FSW – FIPS – Flippa

6. Dezember 1995

Übermorgen fahre ich nach Innsbruck. Hoffentlich sehe ich B. Ich frage mich, ob er sich verändert hat, im negativen Sinn. Bis dann, wünsch mir Glück. Amen.

Fli

28/29. Januar 1996

OOOOKAAY! Now listen to this:

☆ Now I have a nice (Nichte) called »Helena«. Very pretty!

☆ My Firmpatin will be Catharina C.

☆ 2x Wisdom teeth out again, rather painful.
☆ Had a Absturz with A.
☆ And a MEGA-Absturz with B.

Why, Why … I am so dumm! But he was only my …! Nothing serious.

Man könnte jetzt meinen, ich wäre schizophren, aber so ist's nun mal, im Leben gibt es Auf und Abs. Auch mit den Gefühlen für Menschen. Das hat man ja gut am Beispiel M. sehen können: 2 Jahre total verknallt und dann von heute auf morgen nix – aus – vorbei. Ähnlich bei B. Ich kann halt nicht auf Entfernung sagen, ob ich ihn liebe oder nicht. Was ich weiß, ist, dass er nicht mein Traummann ist. Meiner ist viel romantischer, weltoffener und interessierter. Außerdem sollte er aussehen wie jemand, der gerade vom Godwin Austen zurück kommt. Einer der ein Abenteurer ist. Der mit mir durch die Pampas reitet, Eingeborene besucht … Der mit mir bis 4h morgens herumphilosophiert, den Sinn des Lebens kennt, der heimatverbunden ist und doch überall wie zu Hause ist. Das eine schließt das andere nicht aus!! Der mit mir redet, wenn's ihm nicht gut geht, mit dem ich rede, wenn's mir nicht gut geht, der zuhört, der *intelligent* ist, der sich gut auskennt in Überlebensfragen (wie man in der Wildnis, egal wo, Essen findet) oder einer, der es mit mir lernt, der aber genauso gut mit Wirtschaft und Politik zurecht kommt. Charmant wäre auch nicht schlecht. Halt einfach mein allerbester Freund, mit dem ich jede Situation aushielte, der mich

beschützen kann, (und der viel Alkohol verträgt! So wie isch, hö, hö!)
(Klingt schwer nach Problem-Typ, Flasche auch etwas. Nichts für die Ewigkeit! 17.9.98)

1. März 1996

Zum Totlachen! Was bin ich denn für ein Kindskopp! Dieses krampfhafte »Erwachsen-sein-Wollen« ist wirklich bei mir mehr als stark ausgeprägt gewesen! Und auf jeder Seite: »Ich liebe ihn sooo …«, »I miss you sooo …« I did not know, what love's almost all about. Jetzt ist's vorbei mit diesem Mist. Ich bin jetzt cool, ganz coool, okay baby, sag es: Cool, coool, coooler, ja, das ist es, was ich bin! Nein, ich kann nicht so mir nichts, dir nichts schreiben, was ich jetzt bin, noch dazu, weil ich tiierisch für kleine Königstiiieger muss!

Tschö
Fli

13. April 1996

Now this is rather funny, ha, ha. Arrived from Brazil this morning. IT WAS GREAT!! Anyways B. now finally found a girlfriend!! Ja, soll man's glauben. And I cry him no Tränsche nach!!!

14. April 1996

Also, kam gestern nicht zu mehr.
Auf jeden Fall war Brasilien wirklich toll und wunderschön. Api [*Großvater*] geht's mal so mal so … Er ist ja schließlich schon fast 80. Morgen ist wieder Schule … Was so schade ist, dass ich KEINE in der Klasse habe, mit der ich schon einen wirklichen Spaß erlebt habe, auch dass alle irgendwie anders sind. Pfingsten möchte Mami einen Tanzkurs für mich und ein paar Freunde machen. Das wäre sicher saulustig! Dann muss ich halt ein paar Buben mehr einladen, Franz, Basti, Albi, Caspi, Johnny??? – Ob das hinhaut?? – Ah, Fritzi … An Mädeln: Daisy, Marie, Leo, Winzi, Alec, Anna, mehr Buben!! Vielleicht so jemanden wie den Phillipp? KEINE AHNUNG! Jetzt eh wurscht!

Ich habe gar nicht erzählt, dass wir Firmung hatten! Catharina ist meine Firmpatin, O. Franzi Louis'. Sie war wirklich schön. Hätte ich nicht erwartet, weil ich befürchtete, während der Messe solche Aggressionen gegen alle Päns [*Jugendliche*] zu bekommen. Aber die benahmen sich erstaunlicherweise einmal normal. Das Essen war auch köstlich. Es gab Wildpastete von Herrn Buchner mit Suppe und Garnelen in Putenbrust mit Gemüse und Tunke und Mohr im Hemd hinnerher! Saugut. Casi, Heinrich und Alex waren da, Omama konnte leider nicht, ihr geht's nicht gut (Nerven und Alter). Sie hatte noch dazu gerade einen Autounfall, GOTT SEI DANK ist ihr nichts Physisches passiert, psychisch wahrscheinlich eher. Die Nerven werden immer weniger.

Beten müssen wir für sie!! Auch für T. Li. Bei ihr fand man Metastasen oder wie auch immer man es schreibt. Jetzt heißt es *langsam* (hoffentlich), aber ziemlich sicher Abschied nehmen. Ich wünschte, ich könnte beten, aber es fällt mir so schwer. Ich habe so große mich quälende Zweifel, es ist zum Schreien!!! Ich müsste beten!

Wahrscheinlich ist es das Träge, Lieblose an der Kirche hierzulande. Die Messen langweilen mich, ich bin unkonzentriert und habe ein schlechtes Gewissen!! Unserer Kirche fehlt das Tiefe, Überwältigende. Man nehme orthodoxe Messen in Griechenland zum Beispiel. Da ist man überwältigt, zweifellos gläubig und ehrfürchtig. Man erfährt da etwas von der Macht Gottes. An Ostern war ich in der Kathedrale von Campinas, São Paulo. Die Messe wurde teils auf Aramäisch gehalten. Das war schön.

Heute wird in der Kirche versucht, alles zu erklären und für alles Beweise zu haben! Gerade erst haben irgendwelche Bibelforscher behauptet, Jesus wäre zweimal verheiratet gewesen und hätte drei Kinder gehabt. Na und?

Trotzdem ist er *Jesus*! Ich glaube an Jesus Christus, Gottes eingeborenen Sohn, unseren Herren, empfangen von der Jungfrau Maria … egal, ob dann verheiratet oder nicht. Und meine Zweifel sind eher Ratlosigkeit.

Durch diese Wüste muss ich durch. Dann bin ich stark. Mich nervt nur, dass die Hälfte oder mehr der katholischen Menschen oder »Christen« überhaupt sich als so wichtig nehmen. Viele betrachten sich als »Mitarbeiter« Gottes, dabei sind wir unendlich weniger als Gott! Vielleicht beschreibt das ein wenig Gottes Größe. Aber dann denke ich mir, sind wir auch nach Gottes Abbild geschaffen worden. Unendlich also nicht, Gott liebte uns sonst nicht so sehr.

Ich glaube auch, dass dem Menschen der Gottesglaube angeboren ist. Woher sonst soll die Menschheit die Vorstellung eines Schöpfers haben, wenn nicht vom Schöpfer selber? *Jeder* Mensch glaubt an etwas, was mächtiger oder intelligenter oder komplizierter, perfekter, größer ist als er selber.

Man weiß doch, dass das Universum sich ausdehnt, aber was kommt danach? Warum wissen wir das nicht, warum weiß nur die Sophia das, die ewig vollkommene Weisheit? Warum wissen wir nicht, was nach dem Tode kommt, warum wissen wir nicht, was nächstes Jahr passiert oder morgen? Warum wissen wir nicht, wer wir selber sind? Sophia weiß es, Gott weiß es, Allah weiß es …! Alle verschiedenen Bezeichnungen für Götter, alle Gottheiten lassen uns doch wissen, dass es überall auf der Welt Fragen gibt, die nur der, den wir Christen Gott Vater, Gott Sohn

und Gott Heiliger Geist nennen, weiß! Beziehungsweise Sophia, die weibliche Seite Gottes, die Weisheit, wie die alten Griechen sagten.

Mythen bestätigen das doch: Es gibt viele, fast unendlich viele Fragen, die das kleine Gehirn des Menschen nie wird beantworten können. Also muss es doch etwas geben, das zum Beispiel den Regen, das Wasser, den Wind etc. schickt, und warum, weiß es auch.

Der Mensch kann Gottes Macht mit seinem Gehirn nicht begreifen. Er kann nicht einmal sein eigenes Hirn begreifen, denn wäre es noch einfacher, wären wir wiederum zu dumm, um es verstehen zu können. Wären wir intelligenter, wäre unser Gehirn auch komplizierter, dann werden ja auch die Fragen, die dann neu aufkommen, komplizierter und für das primitive Hirn nicht lösbar.
Ich habe nur ein etwas größeres Anliegen außer den üblichen wie Glück, genug Geld ..., nämlich das, mehr Wissen zu erlangen. Und um das zu können, muss ich mit offenem Auge, Ohr und Herzen durch die Welten gehen, ob virtuell oder das, was wir als real empfinden, was unsere Sinne greifen können. Überall lerne ich dazu, ich muss nur AUFMERKSAM SEIN!! Ich darf meine Sinne nie (wieder?) betäuben. Ich muss auf der Hut sein vor Ablenkungen, zu viel Alkohol oder Rauschgiften zum Beispiel. Gott hat uns zu einem besonderen Zweck geschaffen. Er gab uns einen fast freien Willen, er gibt uns eine Festplatte, die wir aufladen können. Jetzt dürfen wir nicht einen Virus hereinlassen, der alle Programme löscht und Informationen stiehlt (für »Hacker« verständlich!).

ICH BIN JOKER, ICH WEISS DAS! ODER GLAUBE ZUMINDEST DARAN. Viele andere Karten kennen sich noch nicht, sie sind gleich, liegen falsch herum da, drehen sich nicht, um sich aufzudecken. Sehen nicht, wer mit ihnen spielt. Der Joker sehr wohl, glaubt er.

Joker

P.S. Würden sich die anderen, zugedeckten Karten aufdecken und versuchen zu erfahren, was los ist, wer es ist, wann es ist, Fragen, Antworten suchen, sich und andere erkennen, wäre diese, unsere Welt besser, sie würden zu Gott finden.

15. Mai 1996

Zur Zeit bin ich in einer ziemlich deprimierenden Phase. Gerade merke ich, dass ich mich in einem großen Änderungsprozess befinde. Ich werde immer stiller, denke immer mehr und mehr über das Leben, wie ich es führe, oder besser gesagt, wie es noch geführt wird, nach. Ich habe noch dazu Frust. Frust, weil ich einen blauen Brief erhalten habe. Ich stehe in Mathematik und Chemie unter ausreichend, so die jeweiligen Lehrer. Beide sind vielleicht gut in dem, was sie lehren, Mathematik und Chemie, sonst …!! Und dass gerade diese zwei Vollidioten mir mein Leben vorerst verbauen können, ist genug

Sorge für mich. Sicher, einige würden jetzt sagen: »Das liegt ja wohl an dir!!!!« Diese jedoch haben vergessen oder wissen gar nicht, dass es auch Lehrer gibt, die im Leben nichts zu sagen haben und dann ihren Macht-Mangel an den Schülern auslassen. »Lehrer« sind das, die die schwachen Schüler zur Macht-Demonstration einfach (durch-)fallen lassen. Aber nicht mit mir. Diese Macht werden sie nie durch mich erlangen. *NIE!*

Ich lerne für MICH! Für MEIN Leben, für mein Wissen lerne ich, und NIEMAND HAT DIE AUFGABE, EGAL VON WEM ERHALTEN, MICH AUFZUHALTEN. Niemand hält mich an. GEGEN MEINEN WILLEN *KEINER*. Ich habe Ziele zu erreichen und sie zu erreichen ist NICHT UNMÖGLICH! Alles was möglich ist, kann und wird bestimmt irgendwann passieren. Fragt sich nur noch, was endgültig möglich ist.

Denken. Einige sagen, ich denke zu viel, z.B. Alex, Basti auch. Stimmt es? Nein. Ich glaube, man kann nicht zu viel denken. An einer Grenze wird man schon halt machen. Das Denken bzw. die Fähigkeit zu denken ist doch das, was den Menschen so auszeichnet. Wer nicht denken kann, lebt nicht. Immer wenn ich nicht oder zu wenig nachgedacht habe, habe ich es falsch gemacht …

10. Juni 1996

Ich bin kurz vorm Durchfallen. Ich packe das nicht: durchzufallen. Noch ein Jahr länger Schule, ich glaube, ich würde mich erhängen. Ich packe es echt nicht, auch die ganze Situation, in welcher ich mich jetzt befinde. Ich brauche viel, viel Zeit, um darüber nachzudenken und ein Stück Motivation aufzutanken. Ja, das ist es, was mir fehlt, Arbeitslust, Fleiß, Spaß an der Arbeit, Mathe und Chemie. Ich muss lernen! Bis zum nächsten Mal. Hoffentlich bin ich bis dann in der 11. Klasse und 16 Jahre alt.

F. Joker

Ende April 1997

Hiermit starte ich den fast (das wird sich noch herausstellen) unmöglichen Versuch, meine wirren Gedanken in Kombination mit den vergangenen Ereignissen, besonders denen der letzten 1 1/2 Wochen, zu Papier zu bringen. Bereits jetzt, wo ich nur überlege, wie der erste Satz heißen soll, fällt es mir noch schwerer. Ich fange also mit dem wichtigsten Ereignis an.

Am Dienstag, dem 15.4.1997 gegen 3:00 Uhr nachmittags starb meine geliebte Tante Elisabeth Senden. Mutter zweier erwachsener Kinder und Frau eines Mannes, der sie den Rest seines Lebens am allermeisten von

uns allen vermissen wird. Aber wie kann man da große Hilfe leisten? Warten wir ab, was die Zeit mit sich bringt. Von ganzem Herzen liebt er sie.

Meine Großmutter ist dem Ende ihrer Kräfte näher als je zuvor – verständlicherweise. Bella, die Tochter, »versteht alles noch nicht so ganz«, aber ich bin mir sicher, dass der Rauch der ausgeblasenen Kerze bald ihre Augen erreicht und einen schwarzen Schleier darüberlegt. Es klingt vielleicht etwas trivial, aber streichen wir die Bedeutung des Wortes trivial für kurze Zeit aus unserem Gedächtnis, denn ich bin mir nicht sicher, ob ich das Geschehene in einwandfreiem Vokabular werde schreiben können.
Dicki, der Sohn, kommt meiner Meinung nach bis jetzt am besten damit zurecht. Onkel Hasso hat jetzt einen beschwerlichen und Kräfte zehrenden Weg vor sich. Man gewöhnt sich »Dinge« bekanntlich schnell an, sich sie wieder abzugewöhnen, dauert. Geduld und Mut und, ganz wichtig, Motivation sind dabei von nicht unwesentlicher Rolle. Omama las während der Beerdigung eine »Fürbitte« vor (– ohne bitte –), welche sagte, dass Omama keine Angst zu haben brauche, sie werde auch bald in Ruhe und glücklich sterben können, weil sie weiß, dass Tante Li ihr mit dem blauen Dirndl und einem Lächeln entgegen kommt. Ich hatte keine Taschentücher dabei und bis zum Grab musste ich ohne aushalten. Papi befindet sich ebenfalls in einer sehr zu bedauernden Lage. Er trauert nicht wie jeder, indem er weint und die Trauer zum Ausdruck bringt. Nein, er trauert still. Nichts soll man sehen können von der Trauer.

11. September 1997

Der eigentliche Grund, warum ich schreibe, ist mir sehr wichtig, bedeutet mir viel: Mein »Sommerferienbericht« lässt sich in äußerer und innerer »Sfb« unterteilen. Beginnen möchte ich, um die Situation zu schildern, mit dem äußeren: Erste 1 1/2 Wochen unwichtig zu Hause. Aber dann 3 Wochen + xx …Tage (~ 1 Monat) FINCA.

Finca: Ein Platz auf der Erde, der für mich wie kaum ein anderer jegliche Sinne anspricht und zum Entzücken bringt. Sei es der visuelle, der olfaktorische … jeder Sinn spielt »Ich bin im Himmel, will nimmer weg«. Man steigt aus dem Auto, nach zweistündiger Autofahrt von Madrid, aus: dieser Duft von Rosmarin, Zistrose, Pinie, Thymian, heißem Stein und Fatimas Essen haut jeden von den Socken (jeden, der Gespür dafür hat). Begrüßen einen dann alle Fincaner, strömt einem eine Mischung von Sonnencreme und Atkinsons English Lavender entgegen. Dann dieser Blick über die Ebene vor einem, stundenlang über Olivenhaine, bis in 100 km Ferne schwach graubraune Gebirgszüge auftauchen. Das Ganze links und rechts eingesäumt von Gebirgsausläufern – und erst die Sonnenuntergänge am Gurugu und Parideras! (Oder Castillejos … oder wie auch immer halt) und bei den Picones, dann die Landschaft bei den Pantanos … bezaubernd. Ich bin noch total benommen von dieser Schönheit und könnte täglich heulen vor Sehnsucht!! Dazu später. Dann die Tiere, das Wild, die Vögel, die Grillen, die Hirsche nachts brunftend, röhrend, die Musik: Los Centellas mit »Toro enamorado de la luna« ... oder »La salve Rociera del olé, olé« ... Santana: »She is gone«, Pearl Jam, No. 5 auf Jovenes Flamencos ... »La Flaaacaaa«!!! Nur gute Musik.

14. September 1997

Genug von den äußeren Genüssen der Finca gesprochen. Die inneren waren für mich einerseits zu Zeiten wunderschön, andererseits unsagbar kompliziert und absolut nicht angenehm. Chronologisch werde ich vorgehen, um es mir leichter zu machen (roter Faden, sonst laber ich zusammenhanglos). Die ersten zwei Wochen sprach ich kaum ein Wort mit ihm.

Am 28. August letztes Jahr, es war nachts, wir zählten im Vollmond Schweine bei den Pantanos, entstand auf wunderbare Weise eine Bindung, deren Stärke und Tiefe ich zu diesem Zeitpunkt nicht erkannte, so benebelt war ich von der »Finca-Grund-Highness«, dem »alles ist möglich«- und »ich kann alles«-Gefühl. Erst später wurde mir klar, was ihm diese Beziehung bedeutete und ich war sehr ergriffen und berührt von dieser Liebe, welche ich auch zu fühlen begann. Ein schnelles (vielleicht nur vorrübergehendes) Ende fand unsere offizielle »Beziehung« '96. Nachdem alles so perfekt funktionierte außer dem »kleinen« Hindernis der Distanz, schwand bei mir – zu meinem Erschrecken, nachdem ich ihn für einen knappen Monat nicht sah, die Begeisterung. Quälen tat ich ihn das Wochenende, als wir uns wieder trafen, so dass ich jetzt noch einen Knoten im Hals spüre, wenn ich daran denke, wie ratlos er mich ansah … Ich bin so ein schwaches Charakterschwein gewesen. Alles nur aus Feigheit. Und das Besch… ist, dass ich ihn trotz meiner Zweifel und trotz der Kälte, die ich ihm entgegenbrachte, noch liebte, dass es aber keinen Sinn ergibt, wenn ich in Sayn bin und er so weit weg, war mir total klar. Also kam es dazu, dass ich meinen Kopf über mein Herz regieren ließ, was zum Aus und Ende führte. Jedoch hatte ich ein wahnsinniges Glück beim »Schluss-Machen«. Wir fuhren zurück nach Sayn und plötzlich sagt er aus dem Blauen heraus: »Fipsi, wir bleiben aber Freunde«. Mir fiel so ein Klotz vom Herzen, da ich ihm ja noch nichts von meinen »Aus«-Plänen gesagt hatte. Aus meinem eindeutigen Verhalten (so feige!!) konnte er sich aber eher sicher sein. Nachdem er die Problematik ansprach und wir den Rest der Fahrt so waaahnsinnig gut verbrachten, waren wir beste Freunde, telefonierten für Stunden … Dann plötzlich aus, wir telefonierten nicht mehr, sprachen quasi nicht mehr miteinander, Kontakt weg.

Dann kam ich heuer auf die Finca, zwei Wochen lang nicht gesprochen, ignoriert.

15. September 1997

Immer noch sprachen er und ich herzlich wenig miteinander ...

An diesem Tag hatten wir jedoch eine Gesprächsphase, kurz, aber gut. Wie wir drauf zu sprechen kamen weiß ich nicht, jedenfalls sagte ich ihm, dass manchmal der Kopf über das Herz regiert, als wir über den Schluss sprachen. »Locker und flockig« war die Stimmung danach, was sich bei einigem Teenagergeblödel deutlich zeigte. Langer Rede kurzer Sinn, wir waren schon wieder Hals über Kopf verliebt und so sauer war ich auf ihn, wegen der zwei Wochen. Doch in meiner totalen Finca-Highness kapierte ich zunächst nicht, dass es einfach nicht klappen konnte. Ich war auf Wolke 7. Kaum weg von der Finca dämmerte es mir und ich begann mir Gedanken zu machen, zumindest über die nächsten zwei Jahre. ...

Schon wieder sprachen wir nicht miteinander, por un tiempo pensativo. Totale Einsamkeit und Ratlosigkeit plagten mich, wir packen es einfach nicht. Liegt es nur an ihm? ... Ehrlich gesagt bin ich mir nach langen Überlegungen nicht sicher, was ich fühle. Ich bin deswegen manchmal noch so aufgewühlt, weil ich ihn liebe?! Weil ich ihn nicht liebe, weil es dieses Jahr anders ist, weil ich mich entgegen all meiner vorsommerlichen Erwartungen doch wieder verschossen habe, hatte. Vadammt, ich liip dich, ich liip dich nich ... Hilfe! I'm strong, I'll manage this situation. Allein. Und ich zerbreche mir zu allem Überfluss auch noch meinen mir heiligen Kopf darüber.

So ’ne Lappalie. Ein sehr weiser Mensch sagte mal: Die größte Schwäche des Menschen ist, sich über das, was ihm das Herz gebrochen obendrein noch den Kopf zu zerbrechen. Also versuche ich dem ständigen Grübeln ein Ende zu setzen.
Hasta mañana, banana.

30. September 1997

War auf dem Oktoberfest. Alles verlief besonders erfreulich. Nicht nur für mein Ego (der »Komplimente« wegen), sondern auch für meine Freundschaften. Es waren so viele da, so viele Freunde ...!!! Und eben einige davon, die mir besonders am Herzen liegen. Juani, Johnny, Basti, Lexi, Esi, Marie, Winzi, Max, Clemens, Daisy und einige mehr. Auch einige neue konnte ich kennen lernen: Franz, Guido oder Caspar. Mit Letzterem bin ich, watscht mich, ich erinnere mich nicht mehr, wie es dazu kam, beide Tage Arm in Arm herumspaziert. Kennen uns ein paar Stunden. Wäre ich verliebt, täte ich sagen: Es war wohl Liebe auf den ersten Blick. Er ist einer der besten Freunde Juanis, sieht blendend aus und ist recht unterhaltsam. Eigentlich vollkommen überflüssig, letztere Details zu erwähnen, denn ich, Filippa, laufe wohl kaum zwei Tage wie eine frisch verliebt-Verlobte mit ihrem angebetenen Adonis Arm in Arm herum, wenn dieser hässlich und langweilig, auch noch harmlos wäre. Es kamen ständig Leute zu mir und warnten mich vor ihm (nicht wirklich ernst) und andere zu ihm, dass er sich mich schnappen solle, wozu es ja nicht kam. Außer hier und da n' lecker Bützsche und 30000-Volt-Blicken nichts weiter »Neues«. Und jetzt ist's mit der Schreiberei wegen fortgeschrittener Stunde vorübergehend vorbei.

2. Oktober 1997

Heute Nachrichten:
Bella und Sebbi haben sich verlobt, allerdings nicht offiziell. Ich bin eine der ganz wenigen, die's wissen! Dass Maria ein Baby bekommt, erwähnte ich bereits, oder?

30. Oktober 1997

Alex schwanger!
England und Schottland-Reise war super, habe mich in die Highlands verliebt! Eine mir bereits bekannte Sehnsucht nach einem Ort hat mich überfallen. Neu ist, dass dieses Land von sich aus schon so voller Geschichte, tragischer, stolzer, freiheitsliebender Vergangenheit und Gegenwart ist. Die Stille, die Kargheit, die abgeschiedenen Glens, die gemeinsam mit dem Wind klagen. Die Schlünde der Lochs, die die Tränen der Vergangenheit

schlucken. Die Freiheit der Natur, die – wo sie nur kann – einen Platz findet, um neues Leben zu gründen. Ehren und lieben will ich dieses Land, meine Bewunderung nicht zügeln. Lange schon, bevor ich diesen »Erdfleck« kannte, bevor ich einen Fuß darauf setzte, hatte ich eine heimliche Faszination für Schottland bemerkt. Schönes Land Schottland!

1. November 1997

Armer Trouble! Wurde von Sau geforkelt, in Lunge/Lebergegend und es geht ihm wahnsinnig schlecht. Sieht man ihn leiden, ist er ein wahres Elendsbild. Hoffentlich nix Ernstes. Wundstarrkrampf (Tetanus) kann es nicht sein, weil bei dieser Infektion Merkmale und Anzeichen erst nach einigen Tagen auftreten. Tollwut gehört ebenso zu jenen infektiösen Krankheiten, welche sich erst nach mehreren Tagen diagnostizieren lassen. Trouble wurde jedoch erst heute am Erdrutschhang verletzt, als Pa, Mini [*Schwester von Filippas Mutter*] und ich einen Birkenbestand niedermetzelten, mit Äxten und Messern. Ein Muskelzittern in näherer Umgebung der Wunde sowie des rechten Hinterlaufes beunruhigen mich dennoch. Ich weiß zu allem Überfluss auch nicht, wie tief oder in welcher Richtung diese Wunde ist. Mist aber auch!

1998

Das Jahr 1998, das sehr hoffnungsvoll für die ganze Familie begonnen hatte, wurde im Nachhinein betrachtet zu einem besonders traurigen Jahr. Mein Vater, von den Kindern Api genannt, der viele Jahre in Brasilien gelebt hatte und nun seit einem Jahr in Italien und Österreich wohnte, war schwer erkrankt. Nach einem Herzinfarkt im März ging es ihm immer schlechter, bis er Anfang Mai starb. Kurz zuvor waren wir mit den Kindern noch bei ihm gewesen. Im Juli folgte ihm nach kurzer schwerer Krankheit seine Schwägerin Graziella Schönborn, die von der ganzen Familie innigst geliebt und verehrt wurde. Nur knapp zwei Monate nach seiner Frau folgte ihr mein Onkel Karl Schönborn. Damit nicht genug, wir mussten uns noch einmal auf dem kleinen Familienfriedhof in Wiesentheid einfinden: Am 26. November starb völlig unerwartet der Sohn meines ältesten Bruders, Konstantin. Hatten uns vorher Familienmitglieder verlassen, die schon ein erfülltes Leben gelebt hatten, war jetzt ein Vetter gestorben, kaum älter als Filippa. Kurz zuvor hatte Konstantin mit Filippa noch seine Zukunftspläne besprochen, mit ihr gelacht, Erinnerungen ausgetauscht, und nun? Warum? Wir sprachen viel über den Tod,

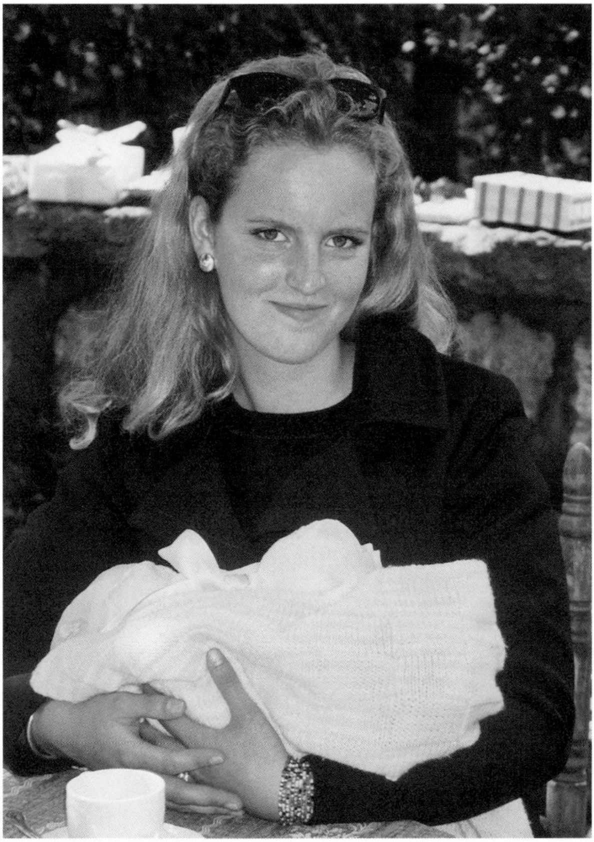

Taufe von Carlos, 1999

das Leben danach, aber wir waren zu sehr beschäftigt mit unseren eigenen Fragen, fanden selbst keine Antwort.

Trotzdem ging unser Leben in diesem Jahr seinen gewohnten Lauf weiter. Filippa wurde achtzehn und machte ihren Führerschein. Sie besuchte ihren Onkel Peter und seine Frau in

Monte Carlo, um dort ein Berufspraktikum zu machen. Lotty, eine Freundin des Onkels, nahm sie mit in ihre Kosmetikfirma nach Grasse, wo bestätigt wurde, welch außergewöhnlich gute Nase Filippa hatte. So kam zu ihren vielen Berufsvorstellungen auch noch die der Parfumeurin.

Im Frühsommer '98 waren die Harvard Krokodiloes wieder bei uns zu Besuch. Dieser A-capella-Chor, bestehend aus 12 Studenten der berühmten Harvard Universität in Boston, Mass., verbringt im Rahmen seiner Welttournee jedes Jahr ein paar Tage bei uns, und jedes Jahr schwärmten die jungen Herren reihenweise für unsere Töchter und umgekehrt.

Im Herbst nahmen wir Filippa, als vorgezogene Abiturreise, mit nach Syrien und Jordanien. Die Eintragungen im Tagebuch zu dieser Reise sind sehr kurz, doch fünf große Fotoalben mit Exkursionsführer, ihren Fotos und deren Beschreibungen erinnern uns an jeden Moment einer wundervollen Zeit. Vor allem die Tage in Jordanien als Gäste des Kronprinzen Hassan faszinierten Filippa. Mit unserem weisen Freund konnte sie lange über Themen sprechen die sie interessierten, über Politik, über Wasserwirtschaft, über die Flora und Fauna des Roten Meers genauso wie über Religion. So war dieses Jahr geprägt wie keines zuvor in Filippas Leben, von unbeschreiblich traurigen Zeiten, aber ebenso von Freude und Liebe und vom Erwachsenwerden.

Gabriela Sayn-Wittgenstein

Es wird mal wieder Zeit … Heute ist der

8. Januar 1998

Ein hoffentlich so ereignisreiches Jahr, wie ich es mir von ihm verspreche.

Neujahr und Sylvester etc. bei Lexi. Saugemütlich. Vier super Skitage. Besser gefahren denn je mit Carving Skis. Gestern und vorgestern Jagd bei den Nachbarn in Neuwied. Erster Abend außerordentlich gemütlich, fast nur mit Krafti geschwätzt, bestes Essen. Keiner der berühmten Köche in anderen Häusern erreicht Wied'sches Niveau. Alle sind gut, sehr gut, aber der Franzos' bei Nachbars kocht eine Spur besser als üblich, zumindest bei Jagden. Sicherlich ist der Eiermann ausgezeichnet für kleinere Gruppen, erstaunlich gut jedoch war dieser Koch in Neuwied, weil wir eine so große Gruppe waren. Die Bedienung ist auch hervorragend, schnell und freundlich. Nette Gäste.

Zweiter Abend auch super Essen, saß neben zwei Christians. Wein schmeckte mir nicht so gut. Danach hier und da unterhalten, wobei mir Katharina A. als besonders nett auffiel, ebenso Kraftis Mutter, die an beiden Abenden die bestangezogene Frau war (außer meiner Mutter, selbstredend). Lange mit T. Christiana und Ax geschwätzt, am Ende mit den üblichen, bei denen es dann doch immer am nettesten ist. Ich war nur so müde und krank, deshalb etwas unergiebig, was die Gesprächigkeit angeht. Still, still, still, weil's Kindlein schlafen will.

10. Januar 1998

Ein sonderbarer Gedanke, wunderbarer Gedanke:
Nie in meinem Leben werde ich die perfekte, also auch passende Hälfte zu mir finden (nach Platon). Ich bin in meiner Art zu komplex, so wie jeder Mensch oder Engel in seiner Art komplex, einmalig ist. Meine perfekte, nein, meine Idee vom Mensch, vom zu mir passenden Mensch gleicht einem Engel. Ich denke nicht, dass ich sprachlich oder schriftlich fähig wäre, meine Idee zusammenzufassen. Sie ist nicht stofflich machbar. Himmlisch soll sie sein und bleiben. Wenn ich wie jeder Mensch und jedes Engelswesen himmlisch bin, so kann es auch nur eine himmlische Ergänzung zu mir geben.

Auf diesen Gedanken kam ich jedoch von einer ganz anderen Seite: Ich bin ein Engel (wer ist noch Engel? Einer, viele, alle Menschen?) oder zumindest ein komplexes Wesen. Ich ergründe (meine) tiefste(n) Tiefen, Höhen, Wahrheiten, Erkenntnisse und nähre meinen Geist davon. Nur durch totale Umstellung meiner selbst und Anpassung an die Umwelt kann ich mit Menschen leben und handeln. (Alters- oder wesensbedingt?)

14. Januar 1998

Wenn misch einer früh wegschnappt, also wenn isch früh »verkloppt« würde oder werden sollte (!), dann müsste't sisch schon ’ma so quasi lohnen, ne? Ja wat soll isch dann für’n Rest do dull rumsitze, dat siehn isch doch nit inn, Wat sull isch dann doh, wenn isch doch dat ganze Lieve, uda irscht e moh den Anfang, wu annuschdoh verbränge künnt? Awwa, et kütt wie et kütt, wie et kumme sull! [Wenn mich einer früh wegschnappt, also wenn ich früh »verkauft« werden sollte, dann müsste es sich schon lohnen, oder? Ja was soll ich denn auf Dauer hier blöde rumsitzen, das sehe ich nicht ein, was soll ich denn hier, wenn ich doch das ganze Leben, oder erst einmal den Anfang, woanders verbringen könnte? Aber, es kommt wie es kommt, wie es kommen soll!]

15. Januar 1998

Ich liebe:
Mond, Natur allgemein, Sterne, Sonne (in Maßen), Essen, gutes Essen, guten Wein, Wasser – zum Trinken und zum Leben, Schwimmen, Anhören (Bach), Tauchen …, Sonnenuntergänge, Schnee in der Nacht unter dem Mond, am Tag glitzernd in der Sonne, stille Winter, wenn man nach langen Aufenthalten im Kalten das warme Haus betritt, sich vor dem Kamin ausbreitet, wenn man in einer sternenklaren Nacht den Kopf aus dem Fenster hängt und den Himmel beobachten kann, Wind, auf dem höchsten Punkt eines Hügels oder Berges zu stehen und über alles andere zu blicken, Berge, Seen, Wälder, Wüsten

(in der Nacht), die Highlands um Glen Coe bei Rothiemurchus, Lochs in Schottland, Burgen, Kirchen, Klöster und Abteien aus dem Mittelalter, byzantinisch, romanisch, gotisch, Renaissance, Muscheln, Caspar David Friedrich, Novalis, Eichendorff, Romantik (Ferne, Wälder, Schluchten, kühle Brunnen, Quellen, Mondnächte …), Schmuck (nicht modern, nur klassisch, antik bis Jahrhundertwende/Jugendstil/Art Deco), Max Bruchs »Kol Nidrei«, weil es wie das Erscheinen eines und Verlassenwerden von einem Engel komponiert ist und die ganze Tragik und das Glück dieses Ereignisses widerspiegelt, Claude Debussys »Clair de la lune«, es trifft genau die Stimmung einer stillen Mondnacht. Beobachten, zuhören, singen (»Ave verum corpus« von W. A. Mozart ist ein wahres Zauberwerk!!), lesen (meinen Geist nähren), Gedichte, Balladen, Prosen, vor allem aus dem »Ewigen Brunnen«, einem Gedichtband von ca. 5–600 Seiten.

Ich liebe Blumen, eine der liebsten ist der Frauenmantel, im Strauß besonders gerne in Kombination mit der Pfingstrose (hell rosa). Sonst auch noch viele andere Pflanzen, das Heidekraut, aber nur in der Heide oder auf den Highlands, nicht auf irgendwelchen Gräbern, Wurmfarn im Wald, Lavendel, Eichen, Buchen, Buchenlaub im Herbst, Tau auf den Blättern des Frauenmantels am Sommermorgen, Monets Garten in Giverny, karge Hügel, das Meer (nicht unbedingt im Sommer, um darin zu schwimmen mit Haien und lauter anderen hässlichen Touristen oder Frauen mit Traumfiguren …), Nächte mit Mond am Meer, still, lau (mit einer mir wichtigen Person, oder auch

zweien …), Abende vor der Glotze, einen meiner Lieblingsfilme anschauend (z.B. »Some like it hot«, »Pride & Prejudice«, »Breakfast Club«, …), Led Zeppelin's »The Rain Song«, wenn das gespielt wird, muss ich aus dem Raum gehen, sonst schmelze ich vor allen dahin.
Lieber schmelze ich allein vor mich hin, ich liebe das Lied bestimmt schon, seitdem ich elf oder zwölf bin, Chocolate Chip Cookies, Bagle Crisps mit Philadelphia und grüner Paprika (am Southhampton Beach als 8-Jährige …), Bob Dylan, Pearl Jam, Squashing Pumpkins, Ella Fitzgerald (»Starlit Hour«, das eine Lied »Heaven, I'm in heaven«), Ray Charles, Smetanas »Moldau«, zwei Bücher von Jostein Gaarder (»Sofies Welt«, »Das Kartenspiel«) haben mich geprägt, Ralph Fiennes (wahrscheinlich weil er mich an meinen jungen Großvater erinnert, den ich lieber als alles kennen gelernt hätte, der aber lange vor der Hochzeit meiner Eltern starb), Sting (»When we dance, it's probably me«), Cookies & Cream-Eis von Häagen Dazs aus dem Becher, Kaffeegeruch, riechen, Parfums, besonders Shalimar von Guerlain, Blue Grass von Elizabeth Arden, Mamans et Petits von Bulgari, spanische Baby colonias (Denenes, Petite Cherie), English Lavender von Atkinsons, White Musk vom Body Shop, den Geruch der frisch angezündeten Marlboro, Männer im Smoking oder Cut, schöne Hände und Füße, Engel, Gott, Glauben, Gespräche über alles Mögliche (bis jetzt besonders gut mit Maria, Mucky, Tante Li, Tante Sophie ← besonders ergiebig!, Fürschtl, Mami, Lexi, Esi, Leo, Marie, Caspar, Max, Winzi, Casi und noch viele mehr). Oft höre ich auch zu, als See-

lenklo … und versuche zu helfen, manchmal kann ich's auch nicht und höre einfach nur so zu, wenn andere erzählen oder klagen. Genug von dem, was ich liebe, für heute!

16. Januar 1998

Ich liebe schöne Kleider, lange Wolljacken, die Farben Braun, Caramel, Kamel, Mitternachtsblau, Meerblau/Grün, Fliederlila, Lavendel, Himmelblau, Blattgrün, in der Natur auch Hellrosa (Pfingstrose), Knallgelb von Sonnenblumen, das Gelb auf den taufrischen Blütenblättern der Gloria Dei und den Geruch derselben, das Hellgrün der Frauenmantelblüte und deren würzig-salzigen, moschusähnlichen Geruch, Lavendel, Lilien (die so schmutzen), die wilde Blüte des Frauenschuhs, Niederländische (Flämische) Barockstillleben mit Essen und Wein (Lobster, Trauben …) und von Wilhelm van der Velde d. J. das Bild »Gust of Wind« von ca. 1670 (Amsterdam Rijksmuseum), Gustav Klimts »Erfüllung« (ähnlich wie »Der Kuss«), den K2 (Godwin Austen) wegen seiner Überlegenheit, war nie da, würde Pakistan aber trotzdem auch wegen K2 gerne sehen, Selbes gilt für Marokko und Namibia und Thailand (auch wegen Essen!!). Selbstverständlich würde ich jedes Land gerne kennen lernen, jedoch fehlt mir das Geld und die Zeit und der Mut (falls ich es allein machen müsste), Kinder, Babys vor allem, liebe ich auch, die Jagd oder einfach auch der in regloser

Stille verharrende Aufenthalt in der Natur, Planen, ich plane gerne, baue meine (natürlich genialen) Ideen in Konzepte ein oder zu Konzepten auf, Malen, Zeichnen, wenn ich ruhig genug bin, schohpe Buben ödoh Männoh ödoh nüoh 'nen schohpen, einen nüoh, Fresken, Stille in der Kirche, Arkaden in alten Bauten, … genug für heute!

17. Januar 1998

Er muss sein/haben …:
Intelligent, wohlerzogen, kulturinteressiert, verliebt in mich, charmant, kinderlieb, gebildet, interessanter Gesprächspartner (klingt soo furchtbar spießig), ruhig (d.h. nicht nervös oder hektisch, sondern »layed back«), zauberhaft, geistreich, witzig, humorvoll, weise, schön, wohlriechend, selbstständig, dennoch mich brauchend, geistig besonders, in gewisser Weise ….

Keine Lust mehr zu denken, so späät … Warte auf ihn, er kommt oder war schon da und kommt wieder, holt dich, lässt nie wieder dein Herz los, du nie seins, perfekt …

18. Januar 1998

Ich möchte mit folgenden Worten konstatieren, dass ich meine Eltern über alles liebe. Falls mir etwas passieren sollte, falls ich unerwartet meine Heimreise antreten sollte, will ich, dass meine Eltern das wissen. Es kann passieren, ich hoffe jedoch nicht, dass ich nie stark genug sein werde, meinem Vater zu sagen, dass ich ihm für alles, was er ermöglichte (und noch wird), für alles, was er mir beigebracht hat, für alles, was ich von ihm gelernt habe, danke, weil ich wahrscheinlich wie mein Vater manchmal Probleme habe, ehrliche Zeichen der Trauer, der Dankbarkeit und der Liebe zu zeigen. So viele Sachen habe ich falsch gemacht, vieles wissen die Eltern gar nicht, oft auch habe ich unüberlegt gehandelt, so dass es mir später Leid tat. Und hier habe ich, falls ich mit meiner Handlung einer Person weh getan habe, es selten geschafft, über den Stolz hinwegzusehen und mich zu entschuldigen. Ich schaffe es, Leute mit unbewussten Blicken so zu verunsichern oder zu kränken, ich kann Menschen schnell durch eine Beleidigung kränken, ich kann Menschen schnell verletzen durch Schadenfreude, durch Witze auf deren Kosten, schnell, bevor ich es schaffe zu reflektieren, habe ich, ohne es zu wollen, jemanden, manchmal auch noch Schwächeren, verletzt, das Ego angekratzt. Das alles kann ich, schaffe ich blitzschnell und es frisst mich auf, dass ich nicht im Stande bin mich dafür zu entschuldigen, ganz zu schweigen von meiner Unfähigkeit diese überflüssigen Sätze einfach ungesagt zu lassen. Besonders meine Familie hat darunter zu leiden. Ich kann es noch nicht. Ich werde mich bemühen es zu lernen. Ich muss »einfach« nur lernen, über meinen Schatten zu springen, locker zu werden, die Angst mein Gesicht zu verlieren loswerden, und der Rest kommt von alleine.

Mami hat Sorgen, weil ich den Hintern nicht bewegt bekomme. Sie sagte, ich sei zu genügsam, faul nennt man das, stinkend faul! Faul und feige, eine Entscheidung zu fällen. Tendenzen für meine Studienwahl sind ja da, jedoch so verschieden und aus so unterschiedlichen Beweggründen, dass sie nicht oder nur mit großem Aufwand unter einen Hut zu bringen sind. Ich will Konzepte entwerfen, planen, Ideen haben, mich wissenschaftlich fortbilden auf dem Sektor Kunstgeschichte, Medizin, Meeresbiologie. Ich will Weinbau erlernen, Management begreifen, Museologie erlernen, Sprachen lernen, reisen, Philosophien erkunden, aufstellen, leben, den Tag nutzen, nicht wegwerfen, mein geistiges Potenzial so gut es geht ausschöpfen, dabei leben, in vollen Zügen, die Natur erkunden, helfen, beten, meine Seele nähren, mich verlieben, frei sein, unabhängig sein, heiraten, Kinder bekommen, mein Leben nutzen, anderen damit nutzen, Geschichte werden, Ruhe finden, in Ruhe leben, viel unternehmen, sehen, von mir weitergeben.

Ich weiß nichts. Und dessen bin ich mir bewusst. Was soll ich, was kann ich schon wollen, was will man überhaupt, bekommt man es je? Wie ein Glühwürmchen, das wie die Motte um das Licht ständig um sich selbst kreist, so lange bis es die Zwecklosigkeit der Handlung erkennt.

Vicious circle? No. This shall not leed me into ruination and despair. (Do not desire it, nor fancy the idea of self-ruination.) Kraft werde ich haben, um mich davor zu bewahren, Mut, um mich zu bessern und zu entscheiden. Ich muss auch lernen, was Ehrgeiz bedeutet, Ambitionen entwickeln, um mich dahin zu bringen, wo ich landen will.

23. Januar 1998

Gerade sah ich einen Film, »Weiße Böe« oder so ähnlich, mit Jeff Bridges als Skipper eines Seglers. Das Boot kenterte und seine Frau und drei andere starben. Seine Frau befand sich im noch trockenen Inneren des Bootes, als es zu sinken begann. Er versicherte ihr ein letztes Mal durch eine nicht zu öffnende Luke seine Liebe. Im Nachspann stand, dass er (wirkliche Geschichte, leider) niemals wieder heiratete.
Mir kam dabei der Satz »bis dass der Tod euch scheidet« in den Kopf. Ich dachte zunächst: oh, wie schön, tragisch, romantisch, er war ihr treu bis in den Tod …
Mir fiel etwas auf, das mich sehr stört: Lieben, achten und ehren ist wunderbar, aber warum nur, bis dass der Tod uns scheidet? Wenn ich eine Person *liebe*, dann doch nicht nur, bis er (diese Person) stirbt, und bin ich dann gelöst von dieser Versprechung, nur weil diese Person nicht mehr da ist?! Um womöglich einer anderen Person das gleiche Versprechen zu machen?

Zweisamkeit ist schön. Aber ich muss mich nicht (neu) binden nach dem Tod der Person, der ich die Liebe schwor, nur weil es praktisch, gemütlich und in meiner Natur (?!) ist. Liebe ich einen Menschen *(diese 1. Person)* dann noch über den Tod hinaus, ewig?

Der Tod ist unwichtig. Er löst uns von unserem Körper, aber es ist meine Seele, die liebt. Wenn ich also einer Person die Liebe schwöre, dann doch auf ewig, mit meinem Herzen, mit meiner sich nach diesem Menschen verzehrenden Seele, im (ewigen!) Leben. Priester und andere Geistliche versprechen auch *einer* »Person« die ewige Treue. Sie versprechen sich an die Seele der Seelen, Körper der Körper, Geist der Geister, Liebe der Lieben. Für immer wollen sie treu sein, dieser einen, dreifaltigen Gestalt. Und haben, wenn sie es wirklich ernst meinen, so wie es sein soll, keine Probleme damit.

Warum sollte man dann Probleme haben, einer Seele treu zu bleiben, die man liebt? Die Seele existiert ja (nach meinem Glauben) weiter, auch wenn der fleischliche, stoffliche Körper vergangen ist. Man sollte (sowieso erst Treue und ewige Liebe schwören, wenn man sich sicher ist) die leere Worthülle, über die keiner *wirklich* nachdenkt »bis dass der Tod uns scheidet«, also bis einer von uns stirbt, vergessen und eine neue »über den Tod hinaus« einführen.

Liebe, wahre, reine Seelenliebe kennt weder Jahre nach dem Tod, weder Launen noch Umstände.
Liebe bewältigt alles Erdenkliche, Liebe erträgt alles, hofft alles, hält allem stand. Die Liebe hört niemals auf.

Ich will dich lieben, achten und ehren in alle Ewigkeit, in Regen, Gewitter und Sturm, bei Sonne, ob du da bist oder nicht, über den Tod hinaus.

Unsere Seelen werden immer beieinander sein und zueinander finden, wo auch immer der Tod sie hinfliegen mag. Die Liebe hört niemals auf, sie hält allem stand.

31. Januar 1998

Jane Austen's »Pride and Prejudice« (bester bis jetzt) betrachtend, muss ich sagen, aus vollstem, nüchternstem, leidenschaftlich sehnsüchtigstem Herzen, dass ich zu einer falschen Zeit geboren bin. Viel lieber wäre ich, die heutige Zeit kennend, in der damaligen beheimatet. Zumindest wünsche ich mir einige Umgangsformen des Empire (in England) zurück. Selbstredend möchte ich nicht auf den Fortschritt der Medizin verzichten – so wie Elizabeth Bennet als Mistress of Pemberley zu leben, möchte ich aber auch keinesfalls vermissen. Oder Mr Darcy zu ehelichen, wäre mir durchaus recht. Besonders wenn er wie Colin Firth aussieht …
Wahnsinn!

Filippa

24. Februar 1998

Am 23.2.98 war ich bei meinem geliebten Heiligen Vater. Doch der Reihe nach. Freitag begann meine Reise nach Rom. Zwar noch etwas geschwächt vom Pfeifferschen Drüsenfieber, aber voller Motivation und Vorfreude flog ich um 7.15 Uhr in Frankfurt ab. In Rom wohnte ich bei Alessandra, Tochter von O. Lao und T. Angela in der Via Adda.

Der Grund meiner plötzlichen Rom-Reise war das Konsistorium eines (entfernten) Verwandten: Christoph Schönborn, Prager Linie, im Vatikan mit 19 weiteren (Erz-) Bischöfen aus der ganzen Welt. Mini [*Schwester der Mutter, nur 9 Jahre älter als Filippa*] und ich kannten ihn nicht, bzw. ich nur flüchtig aus Altötting ('96 Jugendforum). Umso mehr brenne ich darauf, ihn besser kennen zu lernen. Samstagmorgen war die Kardinalsernennung am Petersplatz. Einlass zu unseren Sitzplätzen nur mit Einladung. Wir saßen zwar nur »2. Klasse«, hatten dafür den Überblick.

Danach Empfang beim Österreichischen Botschafter am Hl. Stuhl. Omama rief ihn an, bat um Einladungen zum Empfang. Mini und ich kamen, trafen Paolo, Mäx (kam mit Wiener Priesterseminar). Dann endlich unser Kardinal ... Groß, ehrwürdig, gut, schön, freute er sich uns zu sehen und kennen zu lernen. Mini stellte sich vor, dann ich, Kuss auf Bischofsring, woraufhin er meine Hand hielt, für einige Momente, während er mit mir sprach. Kurz und beeindruckend. Danach stellte mich der Botschafter als Tochter und Enkelin von ... vor. Der Onkel sehr freundlich und erfreut, besonders mich als Tochter und Enkelin von … zu sehen. Nett. Kardinalsbekanntschaft zu machen war jedoch für mich viel eindrucksvoller. Eigentlich, um genau zu sein, überhaupt nicht so sehr der Kardinal als die eigentliche Person, Christoph Schönborn, die mich fasziniert. … 3 Stunden vor Abflug erfahren wir, dass morgen [Papst-]Audienz PRIVAT! … Herzklopfen. Was mit Flug, ändern? Tag später?

Montagmorgen Petersplatz, in das Gebäude vorne rechts, Stiege zum Hof mit Library in Papst-Residenz, Marmor, Fresken, Gobelins … WAHNSINN! Dann in Saal, warten … Nächster Saal, wieder warten … Wir schlugen uns von Saal zu Saal weiter vor bis zum Hl. Vater. Gänsemarsch hinter Hieronymus und Verena, vor Mini, vorgestellt als Nichte, deutsche Linie der Familie des Kardinals. Er schenkte mir (und allen anderen auch) einen Rosenkranz, Fotos wurden gemacht, schwarzen Schleier angehabt und Zara-Kostüm. Herzflattern, Kniezittern, Flug heim.

Hl. Vater sah alt aus. Liebe diesen. Schade, wenn er nach Hause geht.

23. März 1998

Api hatte einen Herzinfarkt – Vorderwandinfarkt, eher stark und Lungenentzündung. So ein Mist. – Hab ich den Verstand verloren? Nein, es ist für mich ja selbstverständlich, dass ich mehr als »Mist« darüber denke. Ich möchte es nur nicht aufschreiben. Es ist ja klar, dass im Kopf alles verrückt spielt, wenn man eine solche Nachricht bekommt. Keiner weiß wie lange noch, weiß ich von mir auch nicht. Ich fühle aber nicht viel Schmerz oder Unruhe, vielleicht ist's, weil's da oben schöner ist, wenn man zu Hause ist. Oder ich verdränge solche Gedanken einfach, nein, ich denke schon oft daran, oft. Aber ich weiß nicht warum, weil ich mir letztlich doch nicht so sicher bin? Weil ich eigentlich gespannt bin, was alles noch passiert, bevor ich nach Hause gehe?

Ja, ich gehe, ich kam als leere Schüssel, gehe als volle, hoffe ich. Nicht erwarten, gefüllt zu werden, einfach warten, leiten lassen zu den Füllstellen, wird schon gehen …

31. März 1998

Beten.
Ich will, zu faul. Verzeih meine Schwäche, Vater, will doch und kann nicht. Die Sünde drückt mich, kann nicht ruhig beten, wende mich ab, bin beschämt über meine Schwäche. Bitte Dich um Kraft. Zur Hilfe meiner selbst. Dass Beistand gewinne, was so lange unbeständig, dass Gesicht finde, was sich nicht zeigen wollte, dass Gutes siege, Böses verliert, schwindet. Schmerz bleibt, hält wach, Schmerz und Glück gehören zueinander, bedingen

einander. Schmerz und Glück sind nicht beständig, sollen es sein …

Dass man sät und erntet, ist und vergeht, verliert und findet, gibt und erhält. Bittet und dankt. Und so bitte ich Dich, mir Wurm, mir Tropfen, mir Sandkorn zu vergeben so gering zu sein und zu helfen, dass ich mir vergebe so gering vor Dir, Liebster, zu sein. Dann komme ich wieder, geläutert, bescheiden, Dich noch mehr liebend, in Demut, solang Du mich lässt. Hilf mir zu Dir.

24. Mai 1998

Gestern haben Louis und ich unseren Jagdschein bestanden. Wer hätte *das* geglaubt?!
Neue »Feinde« – neue »Freunde« ist schon okay. Das ist es mir wert. Ich habe mit 2.3 abgeschnitten (Louis 3.2!) und das in einem der schwierigsten Prüfungskreise Deutschlands!! Super!!!
Ich bin stolz auf uns!! Das Weitere werden wir ja sehen!

1. Juni 1998

Gestern erste Sau geschossen! Ca. 10h am Inselhochstand mit Papi. Casi und Louis am Brachwiesenhochstand, nix. Blattschuss, Frischling (ca. 8 Mon. alt).

Rom-Idee abgekühlt. Ludovica (Mazzetti) war zwei Tage hier mit Mini, Ax, Cari und Helena und ? (im Bauch) mit neuem Sharan! So, gleich Messe.

2. Juni 1998

Heute Api ein Monat tot. Messe. Laaauter Einladungen schon dieses Jahr abgesagt, zu stressig. Heute gesprochen über potenzielles Grab, falls ich früher sterbe, als ich hoffe. Auf der Burg, im Gärtchen, welches natürlich hergerichtet werden muss. Neben mein Grab eine Akazie und/oder eine Eiche/einen Kirschbaum, so dass man mich jedes Jahr essen kann. Auf meinem Grab Frauenmantel und Pfingstrose, Gloria Dei, Schneeglöckchen, Wurmfarn und einen schönen Grabstein/Skulptur, die Erzengel darauf (alle vier, auch Uriel) als Detail. Und ein schönes Kreuz und Jesus, Hl. Geist … Mutter Gottes …

Man soll feiern an meinem Grab, ganz *rein* feiern, nicht zuu besoffen oder versaut daherkommen! Grillen oder nur verweilen, wie ich auch verweilen werde, und feiern für alle, die ich allein zurückgelassen habe voll Vorfreude auf ein Wiedersehen.

Ich habe euch alle so geliebt. Bleibt einig. Dienet Gott. Nicht als Bedingung für meine Liebe zu euch, sondern als Hilfe, euch selbst zu lieben, euch, und glücklich zu werden, wie ich es war in meinem Sayn am Westerwald vor der weiten Rheinebene. Hier lebte ich, hier liebte ich es zu leben und liebte alles um mich, den Wald (!), die Burg, die Sterne, meine Familie, alles Dinge, auf die ich stolz bin. Ich werde immer eintreten für alles, was ich geliebt habe, weiter ewig lieben werde. Noch weiß ich nicht, wann ich gehe.

Gehe ich bald, so wisst, dass ich euch alle liebe und sicher unendlich vermissen werde. Ich wollte immer alles gut und recht machen, hab's oft nicht geschafft. Schafft ihr es gemeinsam für mich, mit mir. Ich bin da, wo ihr, meine Lieben sein werdet.

Und bis wir uns wiedersehen, behüte euch Gott, der mir so viel Freude in meinem Leben bereitet hat. Lebt für Gott, lebt für euch (denn Gott ist in euch) und geht den rechten Weg, glücklich, frei, mit Liebe.

Mitte Juni 1998

Mit Führerschein angefangen, Marie Carolines Graduation und 19. Geb. in Luxemburg gefeiert. Saulustig, Robin kennen gelernt (hat mich zurückgefahren) und M.C. + Fam. Willms näher gekommen, was sehr erfreulich ist, da sie alle besondere Schätze sind. Das war am 6. Juni-Wochenende. Montag danach kamen überraschenderweise Paul Lincoln, Matthew, Michael und Nat über Nacht zu uns. Es war super! Ich habe es so genossen, die vier zu sehen, besonders Matthew und meinen liebsten Krok [*Harvard Krokodiloes*] der letzten zwei Jahre: Nat. Gleichzeitig Eröffnung der Provence-Ausstellung im Garten der Schmetterlinge, danach Abendessen auf der Burg.

Ich war vom Wochenende noch so mit Müll voll und unterschlafen, dass ich ohne viel zu trinken sehr schnell lustig war und ziemlich mit Nat flirtete. Danach nach Hause, alle vier und ich am Pool bis ca. 3:00 a.m. hängengeblieben, ich trank zwei 0,3 l Bier, normal nix!! Aber an diesem Abend habe ich solche Gedächtnislücken produziert … schrecklich, peinlich. Ich glaube mich zu erinnern, dass Nat meiner Hand allerlei Angenehmes zufügte, ich aber ziemlichen Müll von mir gegeben haben muss, glaube ich. Dann ins Gästezimmer, wo Nat schlief, P. Lincoln ging pennen im Roten Zimmer und ich war plötzlich alleine mit Nat, saß auf der Bettkante, weiß aber nicht mehr, ob ich so »wat nu, nimm misch« dasaß oder »nur so«, oder »Scheiße, ich bin so blau, ich kann ja nicht mehr stehen, erst recht nicht in mein Bett gehen, ach, Nättilein, ich schlafe heut hier, s'ist sowieso so viel gemütlicher hier und die Alten pennen, habe ich dir jemals gesagt, dass du so schöne Augen hast (Mensch, bin ich hacke …!)«. Have I told you lately und so ne Kacke … Ich habe zu viele Bagger Gene! Auch noch verkappt!

Na ja, etwas später stand ich dann auf (um zu gehen) und drehte mich in Richtung Türe, wo in etwa er gerade stand und er gab mir einen Kuss. Weil ich so dastand, als ob ich es erwartete, oder weil es ein echtes Bedürfnis seinerseits war, weiß ich nicht! Danach nuschelte er etwas wie »no, shit, no« oder »no, this is, no, I can't«. Keeeine Ahnung mehr. Ich grinste wahrscheinlich total crosseyed und ging pennen. Tag darauf Schule zur Hälfte geschwänzt, hergekommen, tschö gesagt, ohne etwas über Vorabend zu erwähnen. Hoffentlich habe ich keine zu arge Antiwerbung für mich gemacht!

Fronleichnam Bronx-Party in Frankfurt mit Hajo, Minki, M.C., Mini + Kiko. Saulustig. Marc kennen gelernt. Heißes Eisen + halb Äthiopier/halb Dt. Vater bei UN Development Help, er bei Computer/Multimedia. Werde ihn nie wieder sehen, aber war lustig. Nix geschehen!

Nächsten Tag Anprobe für Union Club Party bei Chanel, mittlere Katastrophe, alles Duschvorhänge. Vielleicht nächste Woche wieder in FRA zur Anprobe. I have to diet!

I have decided to go to Cambridge, Mass. To study at Harvard, Art history, with scholarship, weil soo viele Kinder. Radcliff. Mal schaun. I'm quite determined! Unseren Freund US-Ambassador Bob Kimmit fragen, ob er n' idea hat dafür. Let's see what happens.

Na ja …, na ja …, mal sehen! What the future brings … Que sera.

Joker

P.S. Ich bin wieder Tante, JOHANNES, 12.6.98 in Augsburg + Papi wurde an der Halswirbelsäule operiert, all went well. Papi kommt morgen raus.

29. Juni 1998

Morgen fliegt Casi nach NY, arbeiten. Wir wollen zusammen im Sommer nach Marbella, aber Eltern verbieten es, weil ihnen zu schickimicki + zu teuer. Wäre mit Alex W., Pitzi, Fürschtl, Carlos, Juani, Luisi, M.C., Esi, ego. Sauuugeil, ein Traum einfach, nehme schon ab! Extra für so was. Na ja, schaun wa mal! Sonst wieder nach Monaco zu O. Peter und Benedicte, nach Roquebrune, evtl. mit Daisy. Vamos a ver, ISCH HABE FERTIG.

Joker

6. Juli 1998

Habe ich noch gar nicht erwähnt, dass Adam (Krok) mir schrieb? Mit Photo von damals?
Ich weine fast. (Es läuft gerade '94 »Oh Danny Boy« …). Mal schaun, ob ich meine Prinzipien dieses Jahr breche … lohnt sich fast schon für Adam, glaube ich. Und heute hat mir Matthew eine CD von '94 Cantabridgian Tales geschickt. Das Jahr mit Stephen Schardt und Adrian Ashkennasy, vor allem S.S., ja, ja, hot iron, das Träumerle … Matthew ist so wahnsinnig liebenswürdig.

Freu ich mich auf Boston (I know I'll never make it there). I love them.

7. Juli 1998

WM-Frankreich 98.
Fast jedes Spiel gesehen, geschrien, gelacht, gefreut, gezittert … entsetzt. Endspiel bei Freunden in Frankfurt gesehen. Das Spiel Deutschland – Kroatien, fast geweint, furchtbar.

Davor am Freitag war ein Coco-Chanel-Fest im Union-Club, organisiert von Freunden, war ganz lustig, im Chanel-Kostümchen mit Ohrringen und sonstigen Klunkern. Sollten zwischen den Gängen Parfums etc. austeilen, waren geschminkt bis zum Gehtnichtmehr, sahen aus wie Prost-itu-tes …

Louis nahm sich meine Kroks-CD (heilig!!), um meine Krok-Manie zu bremsen. Dafür nahm ich seinen Finca-Mix! Gerade läuft »La Flaca«. Dann schaun wir mal, wie safe ich bin. Ich weiß es selber nicht. Wills nicht wissen. Gefühle kann man nicht immer kategorisch im Voraus wissen.

Meine Fahrstunden sind sooo geil! I LOVE TO DRIVE schrieb sie mit fast 18, naiv, nichtsahnend und impulsiv in ihren eigenen kleinen Weltatlas. Hoffentlich schaffe ich meinen Führerschein noch in diesen Ferien … Im Herbst ist dann Syrien geplant.

BRASILIEN – NIEDERLANDE: 1:1, dann Golden Goal, NIX 11 METER, BRASILIEN IM FINALE.
Jippie …

Morgen Kroatien – Frankreich. Hoffentlich gewinnt Frankreich, nicht weil ich es ihnen maßlos wünsche (das auch), sondern gegen SUKER!

9. Juli 1998 (in 14 Tagen 18!)

Ich hab mir Gedanken gemacht …
Will ich/will ich nicht … Das Dumme an all diesen Überlegungen ist, dass ich einfach keine große Entscheidung treffen kann, da ich gelernt habe, dass ich mich nicht auf die Beständigkeit meiner Gefühle verlassen kann. Ich war mir schon so oft sicher, dachte ich, ich betete inständigst um die Erhörung meines Flehens, so oft, dass ich ein schlechtes Gewissen bekam, da ich immer wieder mit neuen – anderen – Bitten ankam. Einmal der eine, dann der andere. Und es verwirrt mich so, dass ich mich nicht auf meine Gefühle verlassen darf, dass ich unfähig bin, mit Leib und Seele Entscheidungen zu fällen. Plane ich etwas, dann aus einer Motivation heraus. Verändert sich die Motivation, so ändern sich die Pläne.

Ich will, wollte, will wieder wollen … nach Boston studieren, Motivation: several Kroks; ich will Spanisch lernen in Madrid für ein halbes Jahr, Motivation: C.; ich will in Rom studieren, Motivation: Giu; ich will 'ne flotte Ausbildung, Motivation: damit ich schnell für diverse ältere Erben frei bin; ich will/wollte Parfumeurin werden, Motiv: damit ich schnelle Buletten verdiene und unabhängig bin.

Ich will unabhängig sein, allein sein, mich nicht um ihn bemühen müssen, ich will mich bilden, ich will nicht allein sein, mich um ihn kümmern, für ihn leben, aber solange ich nicht denjenigen finde, der mich total von den Socken haut, dass ich bereit wäre, mich für ihn aufzugeben, nur dass er mich daran hindert – solange bleibe ich allein, nein, nicht ganz, sondern mit allem und meiner Liebe zu allem, was ich liebe.

Also, Fazit: Ich handle weiter spontan, aus dem Bauch heraus. Okay. Ich lebe weiter, frage weiter nicht hiernach, sondern prüfe nur, wie wahr und stark meine Motivationen sind, ob sie stärker oder schwächer sind als jene, die ich schon kenne. Ich glaube, ich habe einfach nur Angst erwachsen zu werden.

Hätte mich jemand letztes Jahr gefragt, ob ich ihn (den ich damals geliebt habe) heirate, so hätte ich es gewollt, jedoch nicht gedurft und demzufolge nicht getan. Hätte ich es, wäre ich dieses Jahr oder früher/später zu der Erkenntnis gekommen, dass die Eltern Recht hatten. Ich war zu jung und er ist außerdem vollkommen uninteressant. Ich hatte also in diesem Jahr genug Zeit, da ich ja nicht heiraten durfte, zu entdecken, dass er ein Vollidiot ist. Jetzt mit achtzehn darf ich heiraten, wann soll ich mir dann überlegen, ob er'n Idiot ist. Okay, die Zeit nehme ich mir dann einfach.

ICH WILL LEBEN!

12. Juli 1998

Frankreich ist Weltmeister. Brasilien hat soo bescheiden gespielt ... Schaaade.

… Was soll ich nur machen, was zum Geier will ich? Will ich auch, wenn ich ihn irgendwann lieben sollte, seine Schwächen und Macken lieben? Werde ich ihn jemals lieben? Warum schon? Warum nicht?

Weisheiten des Alltags:

- ☆ Für mich ist Essen ein Ersatz für Liebe. Stimmt nicht!!
- ☆ Trauer: Du fragst dich immer wieder, warum jemand gestorben ist. After a while, wenn man »darüber hinwegkommt«, hat man sich nicht damit abgefunden, dass es diese Person nicht mehr gibt, sondern die Frage – ohne Ziel, ohne Antwort – wird zur Gewohnheit, man gewöhnt sich daran, dass man keine Antwort erhält, warum er oder sie tot ist.
- ☆ Ungewissheit in der Liebe herrscht (bei mir momentan) aus dem Grund, dass der Verstand nicht zu unterscheiden vermag, ob das geliebte (das ist hier die Frage) Objekt Tatsache oder Projektion/Bild ist. Man traut sich nicht, sich auf das sich einem Darstellende, das was man sieht, das »geliebte Objekt« zu verlassen, ihm in seiner Erscheinung zu vertrauen.
- ☆ Frage, zunächst Feststellung: Mann und Frau treffen zusammen, irgendeine Entwicklung oder Reaktion (Bindung …) findet statt. Dann Arbeitsplatz-bedingte Trennung in Bezug auf den Ort. – Distanz, keine Beziehung, aber Reflexion über das Geschehene und den Mann (die Frau). – Zeit vergeht: Anfangs himmelhochjauchzend, verliebt, glücklich, Sehnsucht – dann Verzweiflung. Fragerei: Ist es Liebe, ist es »der,

welcher« oder ist es nur ein Traum? Kann ich denn jetzt, wo er nicht da ist, noch sicher sagen: I love him, like him, know him??
So. Frage: Ist das Verschwinden des »Himmelhoch-jauchzend-Seins« Diktat des Verstandes, welcher ein zu starkes Hineinlegen in die Emotionalität aufgrund des Nichtvorhandenseins des besagten (geliebten?) Objektes und der mangelnden Kenntnis dieses Besagten verbietet? Oder ist es ein Kennen oder genug Kennen, um verliebt zu werden, aber tatsächlich (nachdem der Zauber verpufft ist, da die konstante Sinnesreizung durch den Besagten wegen Abwesenheit entfällt und der Verstand wieder lauter spricht) eben die wahre Stimme des Verstandes, der Ratio und dann auch des Herzens, die einem das *Loslassen* »vermiesen« oder verständlich verbieten? Antwort –? Ist im End dasselbe.

Ich kann nicht beten, Herr.
Ich suche nach Worten, aber ich finde keine.
Nur hohle Phrasen kommen
mir in den Sinn.
Herr, Du bist in unendlicher Ferne.
Ich habe Dich verloren.
Wo bist Du?
Wo soll ich Dich suchen?
Warum zwingst Du mich, Herr,
diese Wüste zu durchqueren?
Spröde sind meine Lippen,
meine Knie wanken.

Wie soll ich durch diese Wüste kommen?
Mein trockener Mund schreit nach Dir,
der Du Worte des ewigen Lebens hast,
und wie herrlich kühles Wasser
wäre Dein Wort für die Wüste in mir.
Herr, höre mein Flehen.
Herr, Du bist die Ruhe und die Tiefe
inmitten der Stille, als ob ich schliefe …

20. August 1998

Ein Fest feiern für den vergangenen Sommer werde ich in mir. – Ab morgen soll es regnen, ich habe den Sommer so sehr genossen! Die brennende Sonne auf der Haut, dann eine kühle Brise (klingt sehr deutsch …).

Ich war ja im Winter und Herbst fest davon überzeugt, dass der Winter und der Herbst, auch der Frühling, Jahreszeiten sind, die mir zusagen, nicht jedoch der Sommer. Im Winter kann ich mich verstecken, im Sommer nicht. Im Winter ist das Wetter wie ich, pensive, in sich gekehrt, der Himmel versteckt, wehmütig. Ich bin immer noch aber nicht ausschließlich so.

Manchmal fühle ich mich (wie ich's Alex mal beschrieb) wie eine Waldnymphe oder ein Tropfen oder ein fein gestimmtes Instrument, das bricht oder reißt, wenn es zu stark belastet wird. Ich fühle mich wie ein Kind, das laufen lernt, dann manchmal wie eine Über-Mutter, wie ein weiches warmes Kissen, auf dem man sich ausruhen kann oder ein Topf, der vor Liebe überquillt, der Liebe loswerden will, Freude schenken will, glücklich macht.

Es klingt leider alles dumm, aber so ist es, meinen Mann werde ich so verwöhnen, dass es schon wieder schlecht ist. Maria sagt, ich sei sehr klassisch und besonders weiblich. Gut, wollte ich immer sein, weiblich, da passt die Kiste [= *der Po*] auch wieder rein und die Kocherei und Putzerei, die langen Haare und Röcke, die Babyliiiiebe, die Überliebe für die Schönheiten der Natur oder den Mann, den einen, finalen, eternalen. Sie sagt, ich gehe klassisch, bewege mich klassisch, rede klassisch … und alles auch noch weiblich … Wow: Wenn's wirklich so sein sollte, wäre es ja meinen Anforderungen an mich gerecht geworden! Dann bin ich dagegen auch wieder zu aufgeklärt für die Waldnymphe, was soll's, bin halt so und so vielseitig.

Gut, genug Schrott für heute, Di: theor. Prüfung.

Nacht
Fli

Sonntag, 22. August 1998

Übermorgen, der Uhr nach bereits morgen, habe ich meine theoretische Prüfung, hoffentlich kann ich bis dahin alles!! Ich wage schon gar nicht mehr, Gott um

Beistand zu bitten, ja genau, so sagte ich es Dir heute bereits, so gestand ich es bereits.

Ich habe ein soo schlechtes Gewissen, weil ich nicht bei Dir war, als Du mich riefst. Bewusst ging ich den unbeschwerlicheren Weg, beschwerend am Ende, aber ich kann den leichten Ausweg nicht immer zu Deinem Nachteil wählen, auch noch bewusst, und dann so tun, als hätte ich durch ein bisschen Reue zeigen alles wieder in Ordnung gebracht, Ablass getan.

Nein, nie, will ich nie tun. Tat ich's? Ja, im Vertrauen auf mein Gewissen, ehrlich und reuemütig würde es sein. Ich tat's. Zu bitten traue ich mich nicht, es ist für mich wie Schulden machen, einen Kredit aufnehmen. Gott, Du gäbest mir alles, aber ich bin klein und mein Gewissen ist zu schwach und zu eitel, von falschem Stolz geprägt. Ich muss dennoch bitten: Vergib mir schwacher Seele. Lass mich zu Dir zurückfinden und nimm mich auf, nie mehr will ich alleine gehen, aber ich bin schwach. Und es ist so einfach schwach zu sein, so mühelos, hilf mir stark zu werden, bitte, BITTE. Ich will ehrlich werden, kein Spiel, eitles Spiel.

25. August 1998

Heute theoretische Prüfung bestanden! 0 Fehler! Hälfte geschafft. Rest bitte auch noch ganz bald …!

2. September 1998

Gleich habe ich nach fünf Tagen wieder Nachtfahrt und ich freue mich soooo aufs Autofahren, dass ich Flugzeuge im Bauch habe … oooh!

15. September 1998

Bin gestern mi'm Fahrlehrer Auto gefahren, again, wie ne wilde Wutz, um ihn zu ärgern, meinte er. Dafür hetzte er mich zu jeder Kreuzung, in jede 30 km/h-Schrittgeschwindigkeitszone … Dann sagte ich, hoffentlich fahre ich am Donnerstag nicht so … Er: Wenn du's am Donnerstag schaffst, knutsch ich dich, bis de schielst! Der ist soo geil.

Ich bin übrigens wieder einmal in einer ei-igen Situation bezüglich der Berufswahl/Studienziel: Kunstgeschichte/Kunst/Hotelfach, dann bietet Lotty mir anscheinend einen Job an, O. Peter auch, in der Immobilienbranche, da kenne ich mich gerade so gut aus, dass ich es BUCHSTABIEREN kann. Punkt: Hotelfach wäre einfach, da praktischheithalber geilissimo, KuGe/Malen kann ich zur Not ja noch später. Vielleicht in der Schweiz? Ist aber nicht AKADEMISCH! Shit, zu billig. Ich will n' Doktortitel, nein, zu faul. Eier hier, Eier da, Eier, Eier, Eier. KONKRET! POWER. Ich will doch, ich wär doch glücklich, oder was meinst du, Alila? Ja, JAAAA.

Ich sagte Alexandra mal, dass ich C. mal heiraten werde. Jetzt sage ich, dass ich nicht mehr C. heiraten werde. Nicht in Filippas Leben. Gerüttelt, geschüttelt, verdreht ist mein Herz doch. Wach und klar wie Sprite.

Angst und Schmerz in meiner Seele
machen sich ganz breit.
In meiner Seele wüst und wirr,
träumt Traum von seiner Furcht.
Leben, Liebster, will zu mir,
will zu mir trotz Schlucht.
Die Kluft klafft krachend, bebend auf
und Murmeln dampft empor,
lass es, tu es, deinen Lauf
sollst haben Pfeil des Amor.
Getroffen, wund,
doch lachend beide,
knüpfen sich fest, dass niemand zerschneide
das Band, wohl warm, ewig bleibe,
gebunden, doch freier als je zuvor.
Wachet, wachet, laut und da,
zischt plötzlich Amors Spitze
vorbei der Blonden, haaresnah,
dass er bei ihm wohl sitze.
Kräftig steckt er, Glückesbote,
sollst nie mehr weichen, engelsgleich.
Das Leben lang und nach dem Tode
immer noch im Gottesreich.

Ruhig, Seele, Ruhe Dir,
kannst wollen viel und mehr.
Will nehmen, was Gott schenket mir.
Und lieben,
sehr, oh sehr.

(Autor unbekannt)

16. September 1998

Heute letzte Fahrstunde (hoffe ich) und erste Wahlteilnahme.
Morgen: PRÜFUNG.
Bitte, bitte hilf mir. Ich schaffe es ohne Dich nicht: Nie ohne Dich: Ihr alle, helft mir, mir schwachen Filippa.

19. September 1998

NEW LIFE … Bestanden
Danke an die ganze vorausgegangene Familie.
Heute O. Karl Beerdigung, T. Baba Abschied.

Die Liebe hat mich wieder umfangen. Ich bin nicht hoffnungslos verliebt, sondern hilflos verliebt … Macht es ihn so unwiderstehlich, dass er (noch) nicht mein ist? Oder dass er mich noch nicht liebt oder dass ich noch nicht weiß, ob er mich liebt? Ich denke die ganze Zeit an ihn. Ich muss nicht, ich will es einfach, weil's ein schöner Gedanke ist. Schöner als Hausaufgaben, Abendessen, oh, diese Hitze, Benzin leer.

Normal ist es doch so:

… sie nahm den Grashalm aus dem Mund, auf dem sie nun schon seit 15 Minuten kaute. Sie war gekommen, um zu denken. Auf dem Hügel mit dem Wind, der ihr die Antwort zuflüstern sollte zu all ihren Fragen, war sie schon gegangen, seitdem sie ein kleines Kind war. Der Platz hatte für sie eine Art von Magie, sie fühlte sich so stark wie ein Kind, das voller Mut ist, weil die Mutter da ist, die das Kind liebt und bei der Hand nimmt. So fühlte sie sich. Der Wind spielte mit ihr und der weiche Grasboden bot ihr Zuflucht und Schutz.

Sie zögert nicht Fragen offen auszusprechen: »Soll ich, werd ich, wird es …« Da, nun hatte sie ihre Antwort … Sie war so entschlossen wie nie zuvor. Nie wieder soll sie einen Fuß auf … setzen, bis …

Nein. Sie quetschte die vertrocknete Tube Blendax, bis kraftvoll eine Wurst Zahnpasta grün-weiß auf ihrer ausgelutschten zerkauten Zahnbürste landete. Sie stand im Bad, es war 9:00, das Neonlicht war grell und grau oder weiß, wie der Schaum, in den ihre Zahnpasta sich beim Putzen verwandelte. Im Waschbecken waren noch die

Bartstoppeln ihres Bruders. Er wäscht sie nie ab. Das Wasser lief nicht ab. Das kannte sie schon.
Warten. Sie würde nicht zu ihm fahren, ehrlich gesagt, weil sie Angst hatte. Sie hätte nicht genug Kraft, um dort eine gute Gast- oder sonst was Rolle zu spielen.
Das Wasser war abgelaufen. Falten sind doch gar nicht so schlimm.
Erst als seine zukünftige Braut will sie wieder dorthin, vielleicht nie wieder. Es muss aber, es muss so sein. Die Sache will's. Ende bloß nicht als E. B. (ob Emma oder Effi, wurscht), zu alt, je ne sais pas.
Handtuch trocknet Mund. Sie geht, Licht aus.

24. September 1998

Ein täglicher Kampf mit sich selbst. Soll ich, soll ich nicht, ach wurscht, bin sowieso noch nicht eingeladen. Sollte keine Einladung kommen, dann erledigt sich alles von selbst. Aber dann kann ich nicht die »busy, don't care«-Show abziehen, die »rar-mach«-Show. Dann habe ich keine Wahl! Kommt sie nun doch, was dann, ja, Spaß, Maria, Alex, er, er. Was für ein unaussprechlich dürftiger Grund ja zu sagen … Er. Warum? Weil ich raus will, es spannend fände, so wie Emma? Nein, er. Er ist es, sein sein. Gerne semper, perpetua? Fide? Amor fide? Ach was. *Quatsch.*

1. November 1998

Syrien und Jordanien super. Waren bei Sidi Hassan, als die Wye-Abkommen von Arafat und Netanjahu unterschrieben wurden. Mediator war König Hussein. Sahen es auf CNN. War nicht das letzte Mal da. Honeymoon spätestens wieder. If I can afford it. Hope I will … Wish all the best to the royal family, dass Gott bei ihnen sei und Hassan für die kommende Zeit viel Glück, Weisheit und Gesundheit haben wird.

2. November 1998

Was ist Alter?
Gleiche Frage, die ich mir schon stellte, als ich noch mehr als jetzt mit den physischen Umstellungen meines Alters zurechtzukommen hatte. Nun gut.
Ich bemerkte, dass ich vor ein paar Jahren dachte, ich wäre mächtig (und) erwachsen, I knew, thought, what it's all about. Fühlte mich reif und aufgeklärt. Jetzt stehe ich vor dem Leben und merke, dass ich nichts verstanden habe. Ich bin ein Kind, das nicht laufen kann, mit dem Unterschied, dass es mir bewusst ist, dass ich das Laufen noch lernen muss. Und das ist das Einzige, was ich mit ziemlicher Sicherheit sagen kann. Ich bin wach. Ich sehe und speichere, merke, wie die Dinge sind, sein wollen, können, sollen, müssen. So gut es mir gelingt, versuche ich ganz unbe-

merkt alles (unbewusst) aufzusaugen. Ich kann mich einschätzen, oder zumindest mehr als andere (ist ja auch nicht schwer), ich bin ehrlich zu mir. Das ist wichtig: Egal ob ich 7, 19 oder 48 bin. Wichtig! Aufsaugen, was die Umwelt an Informationen produziert und was davon von Nutzen ist. Fühle mich wie 7. Bin 7 oder manchmal 3 oder 5. Ich weiß.

29. November 1998

Konstantin ist am 26. November gestorben.
Ich komme mir vor wie ein ferngesteuertes Auto in einem Schuhkarton, rums, rums, rums, rums.
Keine Antwort. Das bin ich gewohnt.
Da muss man wirklich geduldig sein.
Jetzt nicht … Später …
Unser Gehirn ist nicht eingerichtet, Fragen dieser Dimension zu beantworten, wie es die Fragen hierzu sind – eigentlich »DIE FRAGE« ist.
Er war – war – war?
Er ist? War? Er, den ich zu kennen die Ehre hatte, war und hat.
Nie wieder.
War!
Warum? Arbeit getan?
Und jetzt wohin?
Muss es sein? – Es muss!
WIR HABEN ES NUR VERGESSEN WOLLEN.

Wem ich dies klage,
Weiß, ich klage nicht;
Der ich dieses sage,
Fühlt, ich zage nicht.

Heute heißt's: verglimmen,
Wie ein Licht verglimmt,
In die Luft verschwimmen,
Wie ein Ton verschwimmt.

Möge schwach wie immer,
Aber hell und rein,
Dieser letzte Schimmer,
Dieser Ton nur sein.

David Friedrich Strauß

Du kamst, du gingst mit leiser Spur,
ein flücht'ger Gast im Erdenland.
Woher? Wohin? Wir wissen nur,
aus Gottes Hand in Gottes Hand.

Ludwig Uhland

5./6. Dezember 1998

Ich glaube, es kommt mit den Jahren eine Art von Gewöhnung an die Tatsache, dass man keine Erklärung erhält. Man gewöhnt sich des Weiteren daran, dass jemand fehlt. Das allerdings dauert länger. Aber das Fragen, das Verzweifeln, weil es keine Antwort gibt, dieser Zustand wird dem Betroffenen mit den Jahren vertraut. Man gibt sich damit zufrieden und lebt weiter wie gewohnt. Ach, ach, ich Beschränkte weiß doch gar nichts. Ich vermute, glaube, denke, aber weiß nicht.

Anderes Thema: Ich werde noch verrückt. Schon fast 2 Std. denke ich an den, der ... Ich bin ja auch bekloppt! Wer macht das schon freiwillig, oder doch? Verrückt. Davor muss ich noch viele Änderungen durchlaufen, da ich selber sonst unzufrieden, ja beschämt über meine Kleinheit wäre. Aber im Großen und Ganzen bin ich dafür. Es passt so weit. Ich bin voll Bewunderung und stolz, liebe das, was ich kenne und sehe und glaube. Hoffentlich nicht zu sehr Bild, sondern wahr und gut für mich. Ax sagte, dass ich zu gut sei. Nein, er. Ich bin fett, verpickelt, faul, chaotisch, dümmlich, emotional, irrational, unvernünftig, disziplinlos, schüchtern.
Aber auch anders.

Fli

20. Dezember 1998

Der Reihe nach: Bischof Dr. Karl Lehmann kennen gelernt, sehr nett. (Besser in Natur als im Fernsehen.)

Dann Tennisarm bekommen und jetzt am Wochenende Jagd. Casis Freunde und auch Heinrichs waren eine gute Gruppe und auch im Einzelnen haben sie mir alle gut bzw. sehr gut gefallen. Ja, die Kleene is mal wieder vahknallt. Den anderen habe ich schon wieder teilweise vergessen, aber der hier ist ein so wahnsinnig geiler, gutaussehender, PS-starker (350!) Löwe. Er sieht so wahnsinnig gut aus, ich fasse es nicht …

Etwas muss sich ändern. Ich kann das nicht einfach so aushalten. Ich brauche *ihn nicht!* Einfach so, einfach sicherlich nicht. Schule beenden und nach Madrid, in der Hoffnung, dass er da ist, nö. Danach Italienisch lernen, ja. Ich will leben, leben! Ja. Aber nicht alleine, jupp. Und lieben will ich, sehr, o sehr … Nehmen, was Gott schenket mir.

Die Kleene ist mal wieder total bis über beide Ohren überquillend in Liebe versunken. Rette mich, ich liebe Dich.

F.

1999 – 2000

Die folgenden Jahre waren die Zeit des Abnabelns von zu Hause. Filippa war ihrer Heimat sehr verbunden; auch wenn sie sich für andere Orte schwärmerisch begeistern konnte, empfand sie Sayn als den schönsten Fleck der Erde, ihr Zuhause, wohin sie bisher immer wieder zurückgekehrt war. Kurz vor dem Abitur entschied sie sich, in Florenz bei der Akademie Lorenzo de Medici Kommunikation zu studieren. Nach langem Abwägen hatte sie sich für dieses vielseitige Studium entschieden und für Florenz, weil diese Kulturstadt in der Toskana vielen ihrer Interessen entsprach. Plötzlich war sie ausgeglichen, zufrieden über ihre Entscheidung und nahm ihre Zukunft in beide Hände. Ende August packte sie mit Hilfe ihrer Geschwister ihren kleinen Polo, den sie zum Abitur geschenkt bekommen hatte. Außer ihren Kleidern, Bettwäsche, Lampen und sonstigen Dingen, die sie für das Leben brauchte, nahm Filippa Kartons mit Büchern und National Geographic Heften mit. Neben ihr auf dem Beifahrersitz saß Betty Puffej, ihr kleines Plüschschaf, und dann fuhr sie los nach Florenz, um zusammen mit ihrer Jugendfreundin Daisy und ihrer Cousine M.C. (Marie Caroline) die nächsten zwei

Filippa „fotografiert" ihren Fotolehrer, Florenz 2000

Jahre zu verbringen. Wir telefonierten fast täglich. Den Klingelton ihres Mobil-Telefons hatte Filippa auf eine Melodie umgestellt, die in Sayn im Karneval gesungen wird: »Sääner Mädche, Sääner Junge sind dem Herrgott gut gelunge.« Das machte fröhlich und erinnerte an die Heimat. Filippa wollte unbedingt über alles zu Hause informiert sein, was jedoch neben dem Studium so alles in Florenz vorging, darüber wurden wir nur spärlich informiert. Unser Vögelchen war flügge geworden. Doch wir sorgten uns nicht, sondern hatten in jeder Hinsicht vollstes Vertrauen. Wir wussten, dass das Fundament, auf dem Filippa ihr Leben aufbauen würde, ein sehr solides war. Auch gab es da einen (mir zwar unbekannten) Sohn einer meiner italienischen Cousinen, der sich im Notfall um unser Filippchen kümmern sollte: Vittorio. Während der Weihnachtsferien, sie studierte schon über ein Jahr in Florenz, fiel es mir auf, dass der Name dieses jungen Mannes auffallend häufig erwähnt wurde. Filippa hatte kurz zuvor den in der Fachwelt bekannten Fotografen Roberto Sisini kennen gelernt. Nachdem er ihre Fotoarbeiten gesehen hatte, machte Roberto ihr Hoffnung auf eine Tätigkeit nach Abschluss der Akademie. Es schien, als ob Filippa begann, eine Zukunft in Florenz in Betracht zu ziehen. Da meine Großmutter aus Italien kam und meine Geschwister und ich einen Teil unserer Schulzeit in Rom verbracht hatten, liebte ich dieses Land und hatte großes Verständnis für meine Tochter.

Als Filippa mir dann bei Vittorios zweitem Besuch in Sayn strahlend mitteilte, dass er um ihre Hand angehalten hatte und wann und wie man das am günstigsten mit dem Vater besprechen könne, überzeugte sie mich wie immer sehr schnell mit klaren Argumenten. Zudem kam mir Vittorio so vor, als ob er ein Leben lang zu unserer Familie gehört hätte. Am nächsten Tag war es so weit. Der Moment schien günstig. Und nun standen wir beide mit Alexandra gespannt am Fenster und sahen die beiden Männer im Garten auf und ab gehen. Zehn Minuten vergingen, zwanzig Minuten, immer noch kein Zeichen, im Gegenteil, sie sahen beide ziemlich ernst aus. Doch dann ein Schulterklopfen und ein strahlender Vittorio, der die Zustimmung seines zukünftigen Schwiegervaters gefunden hatte. Unser Filippchen war verlobt.

Filippas Tagebucheintragungen enden mit ihrer Verlobung. Sie hatte mit Vittorio den Menschen gefunden, mit dem sie alles teilen wollte, dem sie jeden Gedanken mitteilen konnte. Das Tagebuch war überflüssig geworden. Es wurde verstaut.

Gabriela Sayn-Wittgenstein

18. Januar 1999

Da das Jahr ’98 die Vergänglichkeit allen menschlichen Seins auf Erden als Leitmotiv trug, hoffe ich, dass das Jahr ’99 vom Glück und der Liebe reich beschenkt sei. Nichts stellte ich mir schlimmer vor, als noch einen geliebten Menschen zu verlieren. Darum bitte ich Gott in meinem bescheidenen, schuldigen, kleinen Herzen:
Beschütze alle Menschen vor Unheil und zu frühem Tod, besonders jene die ich liebe.
Bitte.

F.

Du weißt ja, dass nichts größer sein kann als meine ewige Liebe und Dankbarkeit zu Dir. Amen. (Doch! Deine Liebe zu *mir!*)

20. Januar 1999

Jeden Tag, jede freie Minute und die, wo ich nicht an ihn denken sollte, denke ich an ihn … Doch kenne ich ihn kaum, dann glaube ich ihn zu kennen und sehe ihn oder ein Bild von ihm … Sein Bild. Und er? Liebe ich ihn auch? Und was bringt mir dieses ganze Kopfzerbrechen, diese menschlichste aller Eigenschaften, wenn er mich denn nicht lieben sollte, nicht an mich denkt, so dass ich nicht einmal zu hoffen bräuchte? Dann soll es so sein, dann … Will nehmen, was Gott mir schenkt.

Hätte ich die Wahl von allen Menschen, die ich kenne, und all denen, die ich glaube zu kennen (Bilder), ist er halt derjenige, den ich nie im Leben verlieren will, ach, was sage ich denn für dummes Zeug. Wenn jemand das liest!! O Gott, Schmalz …

Nein, ich stehe dazu, dass ich ihn sehr, sehr gerne habe. Man schmalzt sehr gerne, sehr schnell herum, wenn es sich um Bilder handelt, die man liebt. Ach, ist es denn ein Bild?!?

Es wäre so furchtbar, wenn das, wonach man so lange (!? 18 Jahre …!) gesucht hat und was man dann gefunden hat und sich mehr als man sagen kann gefreut hat, aber es nicht zeigen durfte (es aber auch nicht so richtig kann, oder?), wenn eben dieses dann verloren ginge.
Bitte geh nicht verloren. Ich brauche dich doch (als ob ich im stärksten Hormonrausch ever bin …!). Geh nicht verloren! Danke.

24. Januar 1999

Eines vorweg: Ich will leben. So. Damit Folgendes nicht allzu dramatisch klingt, war das nötig.

Ich liebe meine Familie über alles. Ich bin meinen Eltern dankbar, mir dieses mein Leben geschenkt zu haben. Alle meine Geschwister liebe ich ebenfalls. Alle auf individuelle, spezielle Weise. Alle gleich viel. Sofia und Louis: Ich bin nicht immer so nett zu euch, verzeiht mir, es ist, weil ich halt doch 'ne feige schwache Sau bin.

Ich liebe die Verwandten, alle. Juani, Dicki und Bella, Luisi, Hansi, alle, passt auf euch auf. Ich liebe euch alle sehr.

Moni, gute Seele, hast auch einen ganz speziellen Platz in meinem Herz. Danke für bis jetzt schon 17 1/2 tolle Jahre, du schmeißt alles ganz toll!

Freunde, euch liebe ich auch. Neue wie alte, wahnsinnig. Danke für eure offenen Ohren und Herzen.

Familie, ich weiß, kam schon … Casi, ich lieb dich so!!! Bist ein super Spitzen… Typ (klingt doof, mir fällt nix Besseres ein!). Alle Verwandten, ich liebe euch. Mein kleiner armer Michele S. Hoffentlich bereut er es nicht allzu sehr, eine so bekloppte Taufpatin zu haben.

So, so weit erst mal genug des Liebesbeweises an meine Lieben und Liebsten. Hoffentlich verbringen wir viel, viel Zeit miteinander und haben alle viel Glück und ein schönes, erfülltes Leben.

O Liebe, o Leben,
nicht Tod, doch wohl leben in Liebe.
Komm doch, du mein Herz.
Ach …

F.

28. Januar 1999

Casi hat gesagt, dass er froh sei, mich als Schwester zu haben, und dass er nicht wisse, wie er je eine Freundin finden soll, wenn er so eine Schwester hat.

3. März 1999

Vor genau einem Monat das letzte Mal mit N. Kontakt gehabt. Mal abgesehen davon, dass ich hoffe, dass es nicht das letzte Mal war, bin ich froh. Er wird so bald nicht mehr anrufen.

Ich habe mich entschlossen! Wenn es nicht sein soll. Dieses Jahr, nächstes Jahr, reicht auch … Was soll's? Ich bin geduldig, weiß nicht genug von der Welt, jetzt ist es eben vorbei, es gibt noch andere Männer, er ist nicht mehr mein Märchenprinz. Jetzt bin ich verlassen – um wieder entdeckt zu werden – ein guter, trotzdem grauenhafter Zustand. In the end of the day … è possible, no?
Lo credo.
Buona notte.

F.

Es sagte einmal eine schlaue Holländerin (Etty Hillesum), dass man seine Gefühle mit seinen Überzeugungen und Vorstellungen in Übereinstimmung bringen muss,

um eine gewisse Harmonie im Leben erreichen zu können. Wie wahr!
BETONE DAS POSITIVE, BESEITIGE DAS NEGATIVE …

Es ist in gewissem Maße schon ärgerlich und verunsichernd, wenn man zwischen himmelhochjauchzend und zu Tode betrübt hin und her angelt. Und so ist es auch. Ich bin an einigen Tagen (vollkommen unabhängig vom weiblichen Biorhythmus) soo glücklich und gut gelaunt, aber voller Angst vor den Tagen, an denen dieser Zustand nicht anhält und in einen schlechteren, ja, erschöpfend verunsichernden (im Blick auf die Zukunft) und demotivierenden umschlägt. Der selbstverursachte Sturz in emotionale Tiefen ist immer nahe, wahrscheinlich bedingt (oder sicher sogar) durch Einsamkeit/Abwesendheit oder Nichtvorhandensein eines Menschen, dem man sich in seinen Sorgen anvertrauen möchte und der einen versteht und aufzuheitern weiß (und dies nicht nur oberflächlich, sondern tatsächlich und so empathisch als nur möglich), ein Freund, unabhängig vom Geschlecht. Kennt man den Grund für die eintretenden temporären emotionellen Depressionen und weiß, dass eine Person ganz besonders fehlt, dann aber doch nicht, weil man es nicht zulässt, diese Person zu vermissen, weil man nicht weiß, wie die Zukunft aussieht in Bezug auf diese Person …

Auf jeden Fall ist dann alles so verwirrend. Man traut sich nicht zu hoffen oder zu träumen. Froh zu sein ist wie das Besteigen eines Berges, je höher, desto glücklicher. Und wenn man von diesem dann doch wieder fällt, weil man es nicht schafft, sich gut an all den Möglichkeiten festzuhalten, oder es sich nicht traut und allzu oft beim Steigen den Blick nach unten fallen lässt, den Grund sieht, warum man sich so mies fühlte … Eine Sache müsste sich ändern, und ich würde klettern wie ein Meister, ohne nach unten zu blicken, in die Tiefe der Emotionen.

Il vero amore no ha mai conosciuto misura. È vero?
[Die wahre Liebe kennt keine Grenzen. Nicht wahr?]
Es una mierda!

Darf ich mich freuen über die mir gegebene Gleichgültigkeit? Ja, sie hält mir den Rücken frei, Kopf frei, Geist frei. Oder sollte ich mich involvieren? Partizipieren an Dingen, die anderen als soo wichtig erscheinen, meine Aufmerksamkeit aber nicht gewinnen können.

Im krassen Gegensatz hierzu steht meine Begeisterungsfähigkeit, die Papi als ungünstige Eigenschaft sieht. Vielleicht gleichen sich die zwei ja auf besondere Weise aus. Oder bin ich unwichtigen Dingen zu offen gegenüber und wichtigen zu gleichgültig? Nein. Hier sehe ich meine teilweise unbewusst gesteuerte Handlung als vollkommen richtig an. So sollte es sein, für mich. Deshalb laufe ich auch nicht Gefahr, mich für eine hoffnungslose Liebelei zu sehr zu erhitzen, sondern kühle ab und werde gelassen. Nicht direkt gleichgültig, aber genügend Abstand gewinnend, wenn diese Gabe, nein, es ist so, dass diese Gabe der Selbsteinschätzung und wertenden Beobachtung (nicht nur meines eigenen Wesens) etwas ist, was ich zu beherrschen glaube, nun, sei diese Gabe die einzige, die mir an wahren Begabungen gegeben ist, so zehre ich ein ganzes Leben davon. Aber ich habe noch mehr zu bieten, das weiß ich ja. Nun genug der »Motte um Laterne«-Egologie, too boring.

8. März 1999

T. ab ins Eiskühlfach/Kühlschrank. Aus Abu Dhabi ab in Filippas KS.
Ja, ja, born to be a Schnittschen, soweit ich es noch in Erinnerung habe von Axes Jagd. Also im Kühlschrank befinden sich K., M., im Mikrowellenherd ist ja schon dea Italiääääner.

11. März 1999

Bei einem Spaziergang durch den Saynhof wurde mir heute noch einmal klar, eigentlich so klar wie noch nie und besonders kompakt, dass ich eines Tages ein gemütliches Haus, fernab jeglichen Lärms haben will. Weite Wiesen, Täler, Seen, Flüsschen, Bäche, Wasserfall?, Blick, Berge, Sommer im Gras, Winter am Kamin, Kinder im Wald spielend, Märchen erzählen und leben, Traumwelt für die Kinder, Basteln aus Blättern, Kastanien … Kakao, frisches Brot, Eintopf, Internet-Anschluss (via Steckdose?), Fax, Telefon, Fernseher (für Kinder extrem limi-

tiert), National Geographic-Abo, FAZ-Abo … Bücher, gaaanz viele, malen, Kinder und ich zusammen, Holztisch, Äpfel, Gästezimmer für Familie und Freunde, Wärme, Liebe, Wind, Sterne, Grillen im Sommer, Nächte, Speck und Käse, Spaziergänge auf Berge, Täler, Wald … Singen mit Kindern, Baumhäuser mit Papi bauen, Artikel am Laptop schreiben oder Bücher, Fotos entwickeln, ab und zu Ferien, Abendessen mit Freunden, aber eigentlich nur wir, Glück, Stille, Veranda, Kerzen, Kuchen, sanfte Brise, Haare, Stereoanlage für Mozart, U2 … Wohnung in Stadt, Party, aber nur wenn wir schrecklich Lust haben und er mich vorführen will … Joggen im Wald/Feld.
Dann kommen die Kinder in die Schule, schreien: »Arsch, Scheißkuh, kannst mich mal, nö, mach's doch selber – Mamiiie, die dürfen's aber, warum ich nicht …«
Auch diese Hürde wird gemeistert, eine Stufe weiter, stärker, höher. Ja …
Platz für Ergänzungen.

Wer ist der Vater?
Kühlschrank auf …
… mal sehen …
»Will nehmen, was Gott schenket mir und danken, sehr, oh sehr.«

F.

13. März 1999

Einen großen Garten mit Obstbäumen, viel Wiese mit Gemüse und Blumen, also halb (1/4 ist angenehmer) Selbstversorger, z. B. Marmeladen, Gemüse, Schnittblumen, Apfelkuchen, Suppen … Eingemachtes …

Ich bin fertisch. Obwohl mein Verstand mir förmlich zuschreit, ich solle nicht an ihn denken, tue ich es doch, und wie. Aber nicht mehr so blind, verknallt, sondern angry. Wütend auf mich, dass ich so saublöd war, wütend, dass ich mich auf Sachen einlasse, mit denen ich dann überhaupt nicht umgehen kann … Ich muss mich mit ihm treffen und zurückholen, was mir gehört. Das ganze Chaos in Ordnung bringen. Entweder Ja oder Nein, nicht Na oder Jein. Entweder alles oder nichts.

21. März 1999

Ich habe einen Fehler gemacht. Ich habe mir eingeredet, dass ich ihn liebe. Jetzt liege ich hier mit Husten und Fieber und der Gedanke daran, wie saublöd ich war, trägt nicht zu meiner Genesung bei.

24. März 1999

Habe spastische Bronchitis und schreibe in sehr verkrampfter Stellung. Ich habe auch Angst, mich an jemanden zu binden, der mir Sorgen bereitet, der Unfug treibt, für sich selbst nicht gut ist, Hilfe benötigt. Oder es ist das undefinierbare Gefühl, diese Warnung des Unterbewusstseins, sich in etwas zu stürzen, was sich als bodenlos entpuppen könnte. Dann lieber gar nichts als verzweifelt hoffen und träumen. *Teenagerjargon!! Voasicht!*
Es ist so einfach, wenn man sich selbst runtermacht, um Dinge, die man ernst meint, ins Lächerliche zu ziehen, aber ein Quäntchen Wahrheit durchschimmern lässt.
Ich werde ihn im Hinterkopf behalten, ganz feste, und den Kühlschrank öffnen und 'n heißen Typen rausziehen.

F.

24. März 1999 – 21h

Seit einer Stunde fliegt die NATO jetzt Angriffe auf Milosevic-Land. Jeltsin entschieden dagegen. China (Tse Min) auch, Angst vor Separatisten im eigenen Land. Erster Einsatz deutscher Truppen seit Zweitem Weltkrieg.
Kann auch Leben der NATO-Soldaten kosten.

Nichts ist umsonst, man fragt sich nur, wozu das alles? Besinnen sollten sie sich auf Höheres.

F.

Kann nicht schlafen, blöder Husten, denke die ganze Zeit an Goethe. War in Weimar und Erfurt, war toll, aber bei Goethe zu Hause …! Ich träume so seltsame Dinge.

31. März 1999

Schon 11 Tage Nichtraucher!!! Super, escht toll. Hoffentlich nehme ich nicht noch mehr zu.

Eigentlich sollte ich lernen (für's Abi), aber eines, nein zwei Sachen gehen mir nicht aus dem Kephas. Die erste ist, dass ich den Film nicht mehr vergessen kann, will ich ja auch gar nicht, so schön war er. Er hat mich ganz tief berührt. So was Schönes einfach und deshalb auch so tragisch, zur Verzweiflung treibend. Höre schon zum 4. (5.?) Mal in Folge Jacques Offenbachs Hoffmanns Erzählungen, Baccarole, an und denke, wie schön das Leben sein kann und ist und wie schön man das Leben machen kann, wie man es anderen schön machen kann, jeden Tag wenigstens einem Menschen eine Freude machen, sagte Nietzsche schon, not so dumm.

Zweite Sache ist der Gedanke an 2 Minuten. In diesen 2 Minuten lebt der Goldfisch, danach hat er sie vergessen und neue 2 Minuten gehen los. Wow … Alle zwei Minuten in eine neue, fremde Umgebung, alle 2 Minuten die Welt neu entdecken. Ist man überhaupt fasziniert über all das »Neue«? Es ist ja schließlich alles andauernd neu. Andauernd müsste er sich wundern, der Goldfisch, oder vor Überraschung und Aufregung Loopings schwimmen. Aber vielleicht haben sie kein Adrenalin und überleben die »Aufregung« so, ohne Herzinfarkt – könnt isch net! Alles neu, wäre schon cool ab und zu, alles als neu sehen zu können, aber vielleicht würden wir uns gar nicht anpassen, weil wir in diesem Zustand vergessen hätten, dass wir alles »Vergessene« mal wussten. Gibt es Sachen, die man schon nach 2 Minuten vergessen hat, Farbe der Zahnbürste des Filmschauspielers in »…« Heute mal nicht so gemein sein, mal nicht so viel essen, man kann es sich nicht einmal überlegen, da man es ja vergessen hat. Ob es wichtig war oder ob es unwichtigerweise vom Gehirn als potenzielle Belastung lieber mal entsorgt wurde.

Gerade habe ich einen Baci-Praline-Spruchzettel gefunden, einfach so hier zwischen Büste und Truhe, ein Zeichen? – »Ama e fai quel che vuoi« von S. Agostino [»Liebe und tu, was du willst«]. Zufall? Oder das, was ich daraus mache. Also kein Zeichen an sich, sondern ein Vorschlag mich danach zu richten, also ein Zufall, aus dem ich ein Zeichen mache. Dass es so sein soll, höhere Fügung, oder aus dem ich zunächst nichts mache und ihn Zufall sein lasse? Aber wenn schon mal angesprochen, dann ja, eigentlich ein guter Vorschlag, oder – ignorieren?

3. April 1999

Die Brüder aus London sind da. Noch nichts Nettes gehört, nur eigener Frust, der sich in muffigen Kommentaren äußert. Überflüssig und nervenaufreibend, da ich nicht jemand bin, der diese Kommentare nicht persönlich nehmen kann. Selber Schuld, weiß ich ja, ist halt meine kopflose Bauch-Art manchmal.

Man könnte doch einmal wenigstens danke sagen, dass alles so schön hergerichtet ist, mit Blumen, Schokolädchen, Frühstück, Dany-Sahne für Casi, Aufräumen, Zahnpasta, Bett aufdecken … Keiner hat mich gebeten, diese kleinen Dinge zu tun, keiner, aber mein Anstand gebietet es mir, da ich ja diejenige bin, welche hier wohnt und nach dem Rechten sieht. Also sollte ich auch nichts erwarten.

Es sind Kleinigkeiten, aber ich rege mich überflüssigerweise furchtbar (übertrieben) auf. Könnte heulen, flennen. Mist, das drückt meine Stimmung so runter. Bin in einer »Kann nix, sehe Sch… aus, mit fetter Kiste«-Laune und genau auf diesem wunden Punkt drücken die beiden fast pausenlos herum.
Mist Mist Mist.

Die Leute, mit denen ich zusammen sein möchte, wollen anscheinend nicht mit mir sein – Juan, Luis … Casi, Heinrich. Warum? Das sind wichtige Dinge. Konstantin war plötzlich nicht mehr da. Und ich? Und die anderen? Niiiieeemals will ich, dass einer von uns ein kurzes Leben hat, lange, gesund, glücklich sollen wir sein und zusammen. Wir wissen ja nicht, wer bald nicht mehr da ist. Hoffentlich sind alle »immer« da mit mir/uns, lebend, glücklich, aber alle wollen nicht mit mir/uns sein, warum? WARUM?

Dann dieses blöde Thema über die Versace Boutique in London, wo ich dann nur in normaler Tonlage sprechend sagte, dass diese Mode vor einem Jahr hier in Deutschland der letzte Schrei war, in allen Mode-Zeitungen etc. mit lila Spitze … Direkt fauchen die beiden Herren von Welt mich an, wie ich das denn bitte wissen könne, wo ich doch nicht einmal in London wohnen täte … Da bin ich wohl in ein fremdes Ressort getapst, Unsensibelchen ich, dumm aber auch. Also: wenn möglich den Herren ihr Fach-Thema »Life in London« nicht streitig machen – oho, wichtiges Thema, lassen wir ihnen doch das wenigstens, sind ja auch alles Männer: YSL, K.L. Gaultier, D&G … alle? Aber wurscht, Klein-Filippa entschuldigte sich und zog sich in ihre Dummerle-Rolle zurück. Und ward von da an schweigender als zuvor … Ja, diese Rolle zu spielen fällt nicht leicht. Wenn man Zeit im Leben hat, Ruhe hat, Dinge an sich und anderen zu beobachten, Erfahrungen zu sammeln mit seinen Mitmenschen und sich dann besinnt, also seinen Grips zusammen packt und sich mal selber versucht einzuschätzen, um herauszufinden, wie viel echt und toll ist und wie viel Fassade (Frust – Unsicherheit – Scheiße gebaut – schwacher Charakter …), und dies dann schafft, es also auf die Reihe bekommet, ehrlich zu sich zu sein, ja dann hat man einigen Leuten im Leben etwas voraus. Dann habe ich wirklich, solange meine Welt die für mich beste ist, alles im Lot. Ich tue, was ich will (ja?), lese, liebe, denke, alles in Butter. Hoffentlich können das die anderen auch mal und werden so glücklich wie ich. Und so glückliche Leute wie ich regen sich auch nicht mehr auf über »kein danke sagen« und schäbig behandelt werden von kleinen Hosenscheißern mit Riesen-Problemen (will nicht tauschen, uuahhh). Nein, sie versuchen sie zu bessern, das Glücklichsein anderer Leute nicht mehr zu stören und ihnen zu helfen statt frustriert, geplagt und oberflächlich zu sein, wirklich glücklich zu werden. Aber das ist seeeehr schwierig, da diese meist total verdrehte Werte haben (als Ursache für ihre Probleme letzten Endes zu sehen).

Also, auf! »Gutes tun, fröhlich sein, und die Spatzen …«, ja, auch wenn es menschliche Stärke verlangt und sehr anstrengend und gar nicht lustig ist, ja, auch dann diese Spatzen pfeifen lassen. Bin ich auch manchmal ein Spatz oder ein Goldfisch? Sicher beides, manchmal.

Nacht
Fli.

Weißer Sonntag (11. April 1999)

War letzte Woche, Di – Mi, in Florenz und habe die Schule Lorenzo de Medici und Wohnung angeschaut:
☆ Schule: guter Eindruck

☆ Wohnung: fündig, super, groß mit M.C. und Daisy, Super-Blick

Kann's kaum erwarten!! Morgen in zwei Wochen Geschichte Abi, höre Pino Daniele, geil!

13. April 1999

Ich bin sooo glücklich. Einfach mit dem, was ich habe, und weil ich mich über die Entscheidung Florenz, LDM, freue und natürlich voller Vorfreude bin, mich gewissermaßen darin bade und vergessen habe (v. Zeit z. Zeit), dass ich in 13 Tagen Abi schreibe …

Ja, ja, Freunde. Ohne Boyfriend kann man (temporär) soo froh sein. Weil das nächste Freude-Ziel so nah ist (Schule vorbei, Sommer, Ende der Sayn-Zeit, schade, kann aber immer wieder hierher, bin die Einzige, die sich's hier so schön gemacht hat).

Liebe meine Heimat, die Burg, die Wälder, Jagd, Sayn und Brexbach … Kindheit, ungetrübte Freude, Glück, Herausforderungen, Geborgenheit, Sicherheit, Sorglosigkeit, den Geruch, ah, guuht!! Ingrid, Häns … Döbbekooche, Krebbelsches, Eintopf, Kuchen, Tafelspitz, Betty-Speise, Märchen, Marco-Polo im Schwimmbad, Tennis-Schlachten, Wolken, die ganz schnell über die Spitze vom Turm fliegen, Granola, pennen, malen auf der Burg mit Herrn Blum, siiingen, ach, alles vorbei? Nein, es wird nur langsam etwas anders werden. Immer schon wurde

alles etwas anders, so geht es weiter, wir merken es fast nicht, aber ich schon und ich sage: Es geht weiter. Bald mit dem Aufbau vom Schloss. Soll es sein, so begrabt mich hier! Oben auf der Burg, wie bereits notiert, mit Bäumen und Frauenmantel und Pfingstrosen … Ja, soll es sayn, dann Sayn. Aber lieber noch nicht. Ich freue mich nämlich sooo viel, dass es für zwei oder noch mehr reicht. Aber will tun, was Gott mit mir vorhat, und immer dankbar sein für das, was ich hatte/habe. Danke. Auch und besonders, dass ich mich soo freuen darf, wo andere um alles, was sie haben, weinen, weil sie es vielleicht von nun an hatten und nur noch die Erinnerung bleibt. Aber die, ob gut oder schlecht, bleibt. Hoffentlich war sie mehr gut als nicht gut und hoffentlich spendet sie Trost, so dass die Menschen hoffen können, eines Tages wieder so glücklich zu sein, beim Kuchen backen, Kühe melken, Kinder im Arm halten, eigene, das/den ersten, arbeiten, etwas haben, um es irgendwann behalten zu dürfen. Und danke sagen zu können und dürfen. Danke … danke … danke.

F.

18. April 1999

In einer Woche Abi-Geschi-Arbeit. Und ich sollte mal was tun, so dass mich mein konsequent schlechtes Gewissen nicht allzu sehr plagt.

21. April 1999

Heute habe ich mich mal an die Weimarer Republik herangetastet, sie fast gepackt. Weiter so.
Wohnung ist fort, blöde Signora Camici, den Namen hab ich mir gemerkt!

27. April 1999

Schon Geschichte und Französich hinter mir.

4. Juni 1999, Fronleichnam

Schon wieder viel passiert. War in Florenz und habe auch eine Wohnung gefunden, sehr schön, aber für drei etwas zu klein, wurscht. Habe Cosimo angerufen (kenne ihn von der Hochzeit von Isabella und Alexandre), kam auch direkt am ersten Abend zum Hotel, musste dann aber weg, weil seine Schwester ein Kind bekommen hat, beide wohlauf. Sah ihn 2 Tage später wieder, fuhr mich noch nachts auf seinem Motorino durch die Stadt und gelandet sind wir dann bei ihm bis 3h morgens, gequatscht, so geil, er ist schon sehr, na ja, wie soll ich's sagen, zu nett für Rumknutschen, zu perfekt, ja perfekt bis jetzt. Ich glaube, als er mich an dem Abend zu Fuß ins Hotel brachte, war

es der Anfang einer langen guten Freundschaft. Hoffentlich nichts Sinnloses, nein, nichts ist sinnlos, aber hoffentlich mache ich nichts falsch. Ich möchte ihn wirklich erst besser kennen lernen, den Wert steigern, perfekt, echt gute Freunde, trotz Altersunterschied, verschiedenes Geschlecht, dunkler Italiener – blonde Deutsche. Hoffentlich.

27. Juli 1999

Sayn. Mein Geburtstag war soo geil mit Kroks. Peter B. und Toddilein kamen extra aus USA.
3 Nächte nix geschlafen, mehr schaffe ich nicht.

Nacht
F.

Dienstag, 28. September 1999

Florenz. Liege noch im Bett. Es hat sich soooo viel getan. Lebe hier mit M.C. und Daisy. Verstehen uns gut. Ich bin die Putze, M.C. die Schöne und Liebe, in die sich alle Italiener verknallen, und Daisy die Partybombe, die offen über fast alles redet. Na ja, viel ist passiert, zu viel, um es jetzt alles hier loszuwerden.

29. November 1999

Heute Roberto kennen gelernt. Soll ein großer (berühmter) Fotograf sein. Habe keine Ahnung.

20. Februar 2000

Io so che ti amerò

Ich weiß, dass ich dich liebe,
Mein Leben lang dich liebe
Wo immer du bist, dich liebe
Mein einziges Denken,
Ich muss dir sagen,
Ich weiß, dass ich dich liebe,
Mein Leben lang.
Ich weiß auch, dass ich weine,
Wenn du nicht da bist, weine,
Doch kehrst du zurück,
Vergess' ich den Schmerz, den ich fühlte,
Ich weiß, ich werde leiden,
Unendlich leiden,
Durch meinen Wunsch
Mit dir zu sein,
Mein ganzes Leben.

Wir sind so glücklich, ich und du,
Dass es keinen Sinn macht
Darüber nachzudenken.
Warum? Wieso?
Wir sprechen zusammen
Über alles Schöne im Leben.
Dass es uns nur nicht durch die Finger zerrinnt!
Und erzähl mir noch einmal
Von allem, was mich erwartet.
Dass diese Zeit bestehen bleibt,
Auch wenn eine andere Zeit kommt.
Gute Nacht, meine Unsicherheit,
Probleme und Bitternis.
Ich fühle den Frühling in mir einkehren
Und fühle, wie der Wille, die Tollkühnheit,
Das Bewusstsein und die Freude wächst,
Vor Liebe zu sterben,
Zusammen mit dir.

29. März 2000

Ich habe mich verlobt – ja. Das erste Mal so total sicher, unbeschreiblich verliebt, dass ich unfähig bin, na ja, mich weigere, irgendwas ohne ihn zu tun. Macht keinen Spaß. Ich gehe nie mehr etwas ein ohne ihn. Will alles mit und von ihm. Ich bin verlobt und werde Vittorio nächsten Sommer heiraten. Ja, so. Ich will den Rest meiner Zeit

mit ihm verbringen, unser Leben leben, Kinder, unsere Kinder bekommen, aufwachsen sehen, formen, lieben. Ich will ihm alles geben. Es gibt niemanden, den ich so liebe wie Vittorio. In der Art und nicht nur in der Menge. Natürlich möchte ich Familie …, aber nicht so, dass ich in ihm nur den Vater meiner Kinder vor mir sehe, lauter kleine Mazzettis, fantastisch, »somewhere that's green«. Er ist die Quelle, in die ich eintauchen will, die Höhle, das Meer, die Wälder, Weiten, Seen, Wiesen, Bäume.
Kann und will nie mehr ohne ihn.
Fiesole, Tignanello…
Das Beste, was mir je passieren konnte.

Ewigkeit

Immer wieder und wieder
steigst Du hernieder
in der Erde wechselnden Schoß,
bis Du gelernt im Licht zu lesen,
dass Leben und Sterben eins gewesen
und die Zeiten zeitenlos.
Bis sich die mühsame Kette der Dinge
zum immer ruhenden Ringe
in Dir sich reiht –
In Deinem Willen ist Weltenwille.
Stille ist in Dir – Stille
Und Ewigkeit

Ama – e fai quel che vuoi

Filippa und ich

Zum ersten Mal traf ich Filippa in einer Diskothek in Florenz am 21. Oktober 1999. Sie war schon seit Ende August in der Stadt, aber es war ihr wohl zu peinlich gewesen, ihren älteren Verwandten (mich) anzurufen. Irgendwann im Oktober hatten Filippa und ihre Freundinnen auf einer der typisch Florentiner Partys einen Bekannten von mir getroffen, der herausfand, dass wir verwandt waren, und unbedingt wollte, dass wir uns treffen. Als ich sie sah, war ich gleich von ihrer Schönheit und Anmut ergriffen; bald sollte ich noch eine Menge mehr an ihr entdecken. Wir kamen sofort ins Gespräch und redeten weiter bis zum Morgengrauen. Als ich endlich nach Hause kam, war ich glücklich entdeckt zu haben, dass es noch »Menschen wie sie gab«. Vor allem, weil sie ein so junges Mädchen war, wunderschön anzuschauen, lebhaft und offenherzig, und gleichzeitig ganz starke Wertvorstellungen besaß und keine Hemmungen hatte, das auch auszudrücken.

Von Anfang an konnten Filippa und ich gut miteinander reden. Wenn sie mit ihren Freundinnen zu Partys aufbrach, ging ich meistens nicht mit, ich liebte die ruhigeren Augenblicke mit ihr mehr. Das Großartige war, dass trotz des Altersunterschiedes jeder von uns beiden so sein konnte, wie er war, und wir immer genau das sagen konnten, was wir auch empfanden. Nur wenn ich sie ansah, wurde mir bewusst, dass Filippa so jung war, nie fiel mir das beim Zuhören auf. Unsere Gespräche waren so tief und schön, dass ich immer die Zeit darüber vergaß.

Während Filippa Weihnachten mit ihrer Familie verbrachte, ertappte ich mich immer wieder bei zwei Dingen: Sie schien mir sehr zu fehlen, und: Ich verplante die Ferien so, dass ich nach ihrer Rückkehr am 2. Januar noch Zeit mit ihr verbringen konnte. Falsch geplant, Filippa kam erst am 10. zurück und ich hatte genug Zeit, um zu merken, wie sehr ich sie vermisste, und mich zu fragen, welche Gefühle ich nun für sie empfand bzw. sie für mich.

Nachdem Filippa nach Florenz zurückgekommen war, trafen wir uns noch öfter als zuvor. Und ich grübelte immer mehr über die Art unserer Freundschaft nach. Ich mochte sie sehr gerne, sie hatte diese innere Schönheit, die ihr eine ungewöhnliche Anmut verlieh. Es war großartig, wenn wir zusammenwaren,und wir hatten eine Menge zu lachen. Da Filippa immer Zeit für mich hatte, verstärkte sich mein Eindruck, dass sie mich vielleicht auch mochte. Aber weil ich so viel älter war als sie, war ich sehr verunsichert. Ich hatte furchtbare Angst, sie zu verschrecken, falls ich ihre Gefühle für mich falsch interpretieren sollte. Das ging einige Wochen so weiter, bis wir am 5. Februar endlich unsere Zweifel fallen ließen und über unsere Liebe miteinander sprechen konnten.

Von diesem Tag an ging es schnell voran mit unserer Beziehung. Wir waren beide überzeugt, dass wir uns auf sicherem Boden bewegten, es war, als hätten wir uns schon seit unserer Geburt gekannt. In unseren Gesprächen, wie kompliziert sie auch immer waren, mussten wir uns nie etwas erklären. Wir wussten ganz einfach, dass der andere verstand, was jeden von uns tief in der Seele bewegte.

Drei Wochen später – ich erinnere mich, dass ich gerade im Büro war – erfasste mich plötzlich ein starkes Gefühl von Wärme und Geborgenheit, als würde ich tief in mir von einem Licht erfüllt. Ich ging diesem Gefühl innerlich nach, bis daraus ein konkreter Gedanke wurde: »Ich will Filippa heiraten.« Dieser Gedanke, so schön er auch war, verunsicherte mich schon etwas. Aufgrund von Filippas Jugend hatte ich mich bisher als ihr Beschützer gefühlt, ich hatte keinem davon erzählt, dass wir zusammen ausgingen. Niemand aus unseren Familien sollte sie unter Druck setzen. Waren wir bereit für diesen großen Schritt? Wusste sie schon, was sie vom Rest ihres Lebens erwarten sollte? Große Fragen, vielleicht zu groß für ein 19 jähriges Mädchen. Ich beschloss, dass nur die Zeit die Antwort geben könnte und ich nur abwarten konnte, was geschehen würde, oder wie man hier sagt: »Wenn es wirklich Rosen sind, werden sie blühen«.

An diesem Abend lud ich Filippa zum Essen bei mir ein, fest entschlossen, *nicht* mit ihr über meinen neuen Traum zu sprechen. Ich begann über etwas völlig Belangloses zu reden. Aber was immer ich sagte, es schien mir, dass Filippa immer auf ein anderes Thema hinauswollte: dieses Thema! Ich hatte das Gefühl, dass sie wusste, welche Gedanken mich seit dem

Morgen beschäftigten, und wissen wollte, was los sei. Was für eine Überraschung, als sie plötzlich ganz ungefragt die Antworten auf all das lieferte, was ich mich selbst nur wenige Stunden zuvor gefragt hatte. Schließlich sagte sie, nachdem sie mir erzählt hatte, dass sie auf immer das lieben würde, was sie jetzt liebe: »Vitto, lass uns offen reden.« Und da habe ich sie gefragt, ob sie mich heiraten würde.

Kaum hatte sie Ja gesagt, überlegten wir, wie wir diesen Entschluss unseren Familien mitteilen konnten. Filippas Eltern kannten mich überhaupt nicht. Ich stellte mir vor, dass sie über unsere schnelle Entscheidung zumindest erschrecken würden; wahrscheinlich wären sie sogar dagegen. Wir

Vittorio und Filippa, Sayn, 10. Juni 2001

beschlossen daher zunächst mit ihrer Familie zu sprechen, meine Eltern sollten es anschließend erfahren, sie hatten Filippa ohnehin schon längst in ihr Herz geschlossen. Wir mussten also zuerst nach Sayn. Filippas Eltern sollten eine Gelegenheit bekommen, die Person, die Filippa so gern hatte, kennen zu lernen. Sie sollten ihr einen Rat geben. Wir wollten sie nicht vor den Kopf stoßen und beschlossen, zunächst das Thema Heirat nicht zu erwähnen. Unter allen Umständen wollten wir Streit vermeiden oder zwischen uns und unseren Lieben eine Kluft aufreißen.

Ich besuchte Sayn am letzten Aprilwochenende 2000, bewegt, die Menschen und Orte kennen zu lernen, wo meine »Blume« ihre Wurzeln hatte, und gerührt darüber, wie nett alle waren. Glücklich fuhren wir wieder nach Hause. Wir hofften, unseren Familien noch im Laufe des Jahres unsere Heiratsabsichten mitteilen zu können. Glücklicherweise schien alles dann viel schneller zu gehen, und schon einen Monat später konnte ich, großartig vorbereitet von Filippa und ihrer älteren Schwester Alexandra, bei Filippas Vater Alexander um Filippas Hand anhalten.

Ich erinnere mich noch an fast jede Sekunde, als wir durch den Garten gingen und über unsere Pläne sprachen und wie nett und freundlich er zu mir war. Kaum hatten wir den Segen unserer Eltern, begann mein Herz in einem neuen Rhythmus zu schlagen. Alle unsere Träume sollten bald wahr werden, wir lebten nicht in einem Luftschloss, alles war ganz echt. Manchmal war ich in dieser Zeit eher besorgt, weil ich überhaupt keine Angst vor all dem hatte; Filippa schien die Sicherheit in Person zu sein. Während dieses Jahres zwischen unserer Verlobung und der Hochzeit kamen wir uns immer näher und wurden immer glücklicher. Manchmal konnte ich dieses Glück kaum fassen. Was für ein großartiger Mensch Filippa doch war!

Mit Beginn des Jahres 2001 begann eine Phase intensiver Planungen, wir mussten unsere Hochzeit vorbereiten, ein Haus finden und einziehen. Als die Tage immer hektischer wurden, fingen wir an von dem Moment zu träumen, wenn alles organisiert, die Hochzeit vorbei sein würde und wir endlich unser gemeinsames Leben beginnen könnten.

In diesen Monaten haben Filippa und ich viel gelacht und viel geträumt, wir erfanden eine Fantasiewelt voll von verschiedenartigsten Wesen. Ich erinnere mich, wie lustig ich die Vorstellung fand, ein Kind von Filippa zu sein.

Einige Tage vor der Hochzeit sagte uns Pater Madauß, der Pfarrer von Sayn, der Filippa seit ihrer Geburt kannte, dass wir sehr offen zueinander sein und uns immer alles sagen sollten. Das war genau das, was wir ohnehin taten, und das bestätigte uns umso mehr darin, dass ein Annehmen dieses Ratschlags die Grundlage und Voraussetzung unserer tiefen Liebe und eines gemeinsamen Lebens sein würde.

Am 10. Juni 2001 wurde unser Traum war: endlich konnten wir vor Gott und allen unseren Lieben den Entschluss bekennen, durch die Heirat unsere Leben einander zu widmen, für immer.

Gott schenkte uns einen herrlichen Sommer zusammen mit unseren Familien, unseren Freunden und unseren Träumen, die jeden Tag ein wenig wahrer wurden. Filippa bekam einen vielversprechenden Job als Assistentin von Roberto

Sisini, einem ihrer Freunde. Er war ein talentierter Fotograf und, vor allem, ein besonders netter Mensch. Ende September fuhren sie gemeinsam nach England zu einem Fotoshooting, sie kehrten nie wieder zurück.

Nach dem ersten Schrecken und unermesslichem Schmerz überkam unsere beiden Familien schon während der Beisetzungsfeiern ein tiefes Gefühl des Friedens. Auch jetzt, wann immer wir Filippas Grab besuchen oder nur an sie denken, kommt dieses Gefühl wieder auf, beruhigt uns und lässt uns lächeln. Denn lächeln musste jeder, der Filippa jemals begegnet war. Es scheint, dass wir alle glücklicher sind, seit wir Filippa gekannt und geliebt haben, nicht böse, dass wir sie jetzt vermissen, und wir vermissen sie alle sehr.

Wenn ich Filippa mit einem Wort beschreiben müsste, würde ich sagen, sie war vollkommen menschlich. Bei allem, was sie sagte und tat, war sie so ausgeglichen und echt, nie versuchte sie etwas anderes zu sein als sie selbst. Sollte ich ein Wort für uns beide finden, so wäre es »Einheit«. Wir waren, wie wir schnell feststellten, von Anfang an eine echte Einheit. Filippa lebt auf Erden in mir weiter und so, wie sie heute in mir lebt, wird es auch bis in Ewigkeit sein.

Vittorio Mazzetti d'Albertis

FILIPPAS LEBEN IN MEINER ERINNERUNG

Am 23. Juli 1980, genau um 7:34 Uhr, erblickte Filippa das Licht der Welt. Sie war unser viertes Kind. Heinrich (*1971) und Alexandra (*1973) waren noch in München geboren, als ich dort bei einer Bank beschäftigt war. Casimir (*1976) kam wie Filippa und alle nachfolgenden Kinder, Louis (*1982), Sofia (*1986) und Peter (*1992), in Koblenz zur Welt. Ich versuchte, wie bei allen Kindern, meiner Frau bei der Geburt zur Seite zu stehen und war glücklich, schon im Kreißsaal wieder ein gesundes und sichtlich zufriedenes kleines Geschöpf in meine Arme nehmen zu können.

Der kleine Erdenbürger konnte acht Wochen später in der Sayner Abteikirche durch unseren Gemeindepfarrer P. Willy Madauß SDB auf den Namen Maria Filippa Johanna Elisabeth Fernanda Yvonne getauft werden. Ihre Paten waren unser Freund aus Münchner Zeit John J. McCloy III, der Sohn des amerikanischen Hochkommissars in Deutschland nach dem Kriege, dann die Schwester von Filippas Großmutter Helene, Prinzessin Fernanda von Thurn und Taxis, und schließlich als Namensgeberin die Infantin Filippa von Portugal, eine

Schwester der Großmutter mütterlicherseits, die wegen ihres hohen Alters von ihrer Großnichte Diemut Köstlin, Prinzessin von Liechtenstein, vertreten wurde.

Filippa wuchs in unserem 1950 erbauten »Landhaus« in Sayn heran, mit Blick auf den Schlosspark und die Burgruine, die während ihrer ersten Lebensjahre aus einem Jahrhunderte währenden Dornröschenschlaf erweckt und weitgehend restauriert werden konnte. Sie war der Liebling der Bauarbeiter und genoss es zum Leidwesen ihrer Eltern, abends auf den Baugerüsten zu sitzen und über das Rheintal in die Ferne zu schauen.

Filippa besuchte gemeinsam mit dem älteren Bruder Casimir und dem jüngeren Louis den örtlichen Kindergarten und die Grundschule. Immer wieder wechselnde Au-pair-Mädchen aus England, Australien oder Südafrika brachten den Kindern Englisch in verschiedensten Akzenten bei und bemühten sich, ihre Talente für Tennis und Schwimmen zu wecken oder einfach nur in die benachbarte Natur Ausflüge zu machen.

Ich nahm Filippa immer gerne mit auf die Jagd oder zum Fischen. Sie hatte großes Interesse an der Natur, begeisterte sich für alle ihre Facetten und fand ein ganz natürliches Verhältnis zur Ernte aller ihrer Früchte: Pilze, Walderdbeeren, Haselnüsse oder Blumen.

Nach Abschluss der Grundschule kam sie auf das Gymnasium der Schönstätter Marienschwestern im benachbarten Vallendar, der besten Mädchenschule in der Region. Sie war gerne dort und auch beliebt. Ihre Leistungen schwankten allerdings erheblich. Zunächst hatte sie eine große Schwäche in Mathematik. Sie hatte kein Gefühl für Zahlen. Nur mit einer ordentlichen Portion Ehrgeiz und sehr viel Disziplin schaffte sie diese Hürde. Außerdem änderten sich ihre Noten je nach Stimmungslage. Filippa konnte sich gewaltig begeistern und dann wieder verzweifelt den Kopf hängen lassen. Ihr »Privatleben« hatte immer große Auswirkungen auf den schulischen Fortschritt. War sie wieder einmal verliebt, waren ihre Gedanken ganz woanders; oder sie waren schon bei einem Wochenende mit Freunden in Österreich, in den nächsten Ferien am Strand von Southhampton oder auf der heißgeliebten spanischen Finca von José und Elisalex Trenor. Und wenn dann alles vorbei war, konnte sie verzweifelt sein und mürrisch, bis Zuversicht sie wieder einholte und ein »Jetzt erst recht«-Wille sie zu neuen Leistungen anspornte.

Filippa hatte viel Humor. Sie konnte sich über sich selbst lustig machen. Ihr Humor war jedoch nie verletzend. Von ihrem viel zu jung verunglückten Sayner Großvater Ludwig hatte sie auch das Talent geerbt, Sprachen und Dialekte nachzumachen, zum Beispiel das Sayner Platt, aber fast genauso gut Schwäbisch oder Sächsisch. Sie liebte Musik und war musikalisch. Jahrelang sang sie sonntags zur Messe im Sayner Kirchenchor.

Abends, vor dem Schlafengehen, setzte sie sich gerne zu uns ans Bett, an das Fußende ihrer Mutter, und redete mit ihr über ihren Tag, ihre Sorgen und Wünsche und was sich so alles in der Welt ereignet hatte. Meistens war ich viel zu müde für diese Gespräche, oder ich wollte doch lieber in Ruhe meine Zei-

1

2

3

4

1 *Eröffnung Burg Sayn, 3. Juni 1984*
2 *Filippa bei Sofias Taufe, Sayn, 22. Febr. 1986*
3 *Filippa mit Eltern und Geschwistern, Taufe von Peter, Sayn, 25. Juli 1992*
4 *Weihnachtsfoto, Sayn 1993*

5 *Die heimliche Zigarette am Kaninchenstall*
6 *Tante Filippa mit Helena und Johannes, Sayn, Herbst 1998*
7 *Blick auf das Heilige Land, Jordanien, Oktober 1998*
8 *Am Abend ihrer Verlobungsfeier, Sayn, Juni 2000*
9 *Sofia, Alexandra und Filippa, Pommersfelden, 9. September 2001*

5

6

7

8

9

tung lesen. So habe ich vieles nicht mitbekommen, habe zu häufig verpasst mit ihr zu diskutieren über politische Ereignisse, über soziale Fragen, über Kulturelles, Religiöses und auch Philosophisches. Erst seit dem Lesen Ihrer Tagebücher ahne ich, was mir damals entgangen ist.

Jedes Jahr verschickten wir zu Weihnachten Fotos unserer Kinder. Altersmäßig lag Filippa in der Mitte der Sieben. Es gab nie nachhaltigen Streit unter den Geschwistern. Filippa spielte dabei eine ausgleichende Rolle, war aber auch streng mit den anderen, wenn sie sich einmal zu viel herausholen wollten. Sie war das Bindeglied zwischen ihren im Alter benachbarten Brüdern Casimir und Louis, die Brücke zwischen den Schwestern Alexandra und Sofia. Sie genoss den Auftritt mit den bildhübschen Schwestern, am liebsten noch dazu mit ihrer schönen Mutter. Nicht ohne Stolz nahm ich den Erfolg meiner vier Grazien zur Kenntnis.

Ein paar Monate vor ihrem 18. Geburtstag erwarb Filippa ihren Jagdschein. Sie war mächtig stolz auf die bestandene Jägerprüfung. Gemeinsam mit Louis hatte sie fast ein Jahr lang dafür gebüffelt. Der Revierförster unseres Pachtreviers Saynhof, Peter Schaback, war ihr Lehrherr. Viele Abende verbrachten sie bei ihm und lernten alles über Hundekrankheiten, Jagdgesetze, Wildfütterung, Abschusszeiten und was das »grüne Abitur« sonst noch verlangt.

Der theoretische Teil fiel ihr leicht. Schwierig war das Schießen auf den Rollhasen. Mit Schabacks großkalibriger Flinte, die ihr überhaupt nicht zu liegen schien, mussten unerwartet über den Boden rollende Tontauben in Sekundenbruchteilen getroffen werden. Während Louis diese Aufgabe problemlos erledigte, blieb Filippa zu ihrer Verzweiflung weit unter der Norm. Ich habe sie dann beide kurz vor der Prüfung in die bekannte Schießschule von Augustinus v. Papen eingeladen. Nach einer Runde von Fehlschüssen schaute der Filippa tief in die Augen, erklärte ihr mit der Autorität des Meisterschützen, dass Schabacks schwere Bockdoppelflinte das passendste Gewehr für sie sei, dass sie nicht so »pomadig« schießen sollte, sondern mit mehr Biss, und dass bisher jeder Schuss tatsächlich nur um Millimeter daneben war. Von dem Moment an klappte es und Filippa schaffte wenige Tage später die Prüfung ohne Probleme. Sie hat nie viel gejagt, aber immer mit viel Passion. Ich bin glücklich, dass ich ihre Freude bei so mancher gemeinsamer Pirsch erleben und teilen konnte.

Bevor Filippa 1999 ihr Abitur ablegte (mit erfreulich guten Leistungen), versuchte sie mit zwei anderen Klassenkameradinnen eine Firma zu gründen, die Gruß- und Glückwunschkarten herausgeben sollte. Man zog gemeinsam in eine Wohnung auf der Burg, verfasste Businesspläne, bemühte sich um potenzielle Kunden und freute sich schon auf eine Zukunft als erfolgreiche business girls.

Filippa war bei diesem Projekt eher für das Künstlerische als das Wirtschaftliche eingeteilt. Sie hatte von ihrer Großmutter Marianne die Liebe zur Fotografie und dazu ein außergewöhnliches Talent geerbt, von der in St. Jean-Cap Ferrat lebenden Großmutter Helene lernte sie die Freude am Malen. Das Handwerkszeug dazu hatte ihr Bernhard Blum, ein Bendorfer Künstler, beigebracht. Unzählige Nachmittage verbrachte Filippa mit dem einen oder anderen ihrer Geschwister auf dem Burgberg oder in den historischen Gässchen von Sayn und übte mit dem Aquarellblock in der Hand das Erfassen der Schönheiten von Natur und Architektur. Oder sie malte aus der Fantasie Bilder der Toskana, einer Landschaft, die Herr Blum liebte und für die er bei Filippa Begeisterung erweckte.

Aus den Businessplänen wurde schließlich nichts. Denn kaum war das Abitur bestanden, trennten sich die Wege der Klassenkameradinnen.

Ein halbes Jahr zuvor hatten wir mit Filippa noch eine wunderbare Reise mit der Burgenvereinigung nach Syrien und Jordanien unternommen. Mit von der Partie waren meine damals 79-jährige Mutter Marianne, ihre ebenso begeisterungsfähige jüngere Schwester und deren Tochter. Filippa teilte das Zimmer mit ihrer Großmutter, war ihre »Kammerzofe« und lauschte mit Begeisterung den Erzählungen dieser weitgereisten großen Dame der Gesellschaft. Genauso begeistert war sie von der Kultur des Orients, den Menschen und ihrer Geschichte. Alles hielt sie im Bilde fest. In Jordanien landeten wir als Gäste des königlichen Hauses wie in Abrahams Schoß. Wir besuchten die römischen Altertümer, blickten hinab auf die biblischen Stätten des Heiligen Landes, ritten auf Pferden zur Felsenstadt Petra, genossen die Naturschönheiten des Wadi Rum und badeten im Golf von Aqaba.

Filippa genoss alles: orientalischen Luxus, die Einsamkeit der Wüste, das Gedränge der Basare, die fromme Mystik byzantinischer Messen, das Gespräch mit kultivierten Menschen, die Zeugnisse der Geschichte und Kultur großer Völker und, vielleicht am meisten, die letzte große Reise gemeinsam mit ihren Eltern und ihrer geliebten Großmutter, bevor sie selbst ihr eigenes Leben in die Hand nehmen würde.

Nach dem Abitur wollte Filippa hinaus in die Welt. Jedes Jahr im Sommer, meistens an ihrem Geburtstag, kommen uns die »Harvard Krokodiloes« in Sayn besuchen. Der berühmte A-capella-Chor der Harvard University reist jedes Jahr um die Welt, singt Jazz, Schlager und melodische Songs in den berühmtesten Clubs und Konzerthallen aller Metropolen – und auch in Sayn. Als ehemaliger Harvardianer freue ich mich auf diese Gruppe, am größten ist die Begeisterung aber bei unseren Kindern. Sie kommen immer für ein langes Wochenende, an dem es dann für alle Beteiligten nahezu kein Schlafen gibt. Nächtelang saß Filippa mit ihren »Kroks« im großen Salon des Bergfrieds auf der Burg oder auf der Mauer des Wehrgangs und ließ sich erzählen über Harvard, Amerika und die weite Welt, die die »Kroks« gerade bereisten.

Filippa hätte gern in Amerika studiert. Aber ohne ein Stipendium in Aussicht zu haben, mussten die Pläne scheitern. Sehr schnell reifte bei ihr aber dann der Wunsch, in Florenz Fotografie und Kunst zu studieren. Wir konnten für sie einen Studienplatz in der Akademie Lorenzo de Medici finden, wo sie in einem 2-Jahreskurs ab September 1999 neben Fotografie, Video und Medien auch Italienisch lernen sollte. Es fügte sich, dass gleichzeitig zwei ihrer besten Freundinnen auch nach Florenz wollten, Daisy Frank aus Innsbruck und Marie Caroline Willms aus Luxemburg. Zu dritt fanden sie eine Wohnung im obersten Stock eines Altbaus der Via dei Serragli, die bis zum Frühsommer 2000 ihr Zuhause werden sollte. Von dort konnte sie mit ihrem Motorino in wenigen Minuten in die Altstadt flitzen.

Filippa war besonders ordentlich. Das Chaos einer Studentenbude ging ihr manchmal gegen den Strich. Dann wurde sie zur »Putze«, ohne dass ihre enge Freundschaft darunter litt. Von mir bekam sie die FAZ und das National Geographic Magazine geschickt. Wie ihre Großmutter Marianne war sie ungeheuer interessiert, alles Neue und Aufregende aus der Welt zu erfahren und sich damit auseinander zu setzen.

Das Studium in Florenz gefiel ihr gut. Sie machte große Fortschritte in der Fotografie und sprach schnell ein gutes Italienisch. Bald entdeckte der bekannte Werbe- und Modefotograf Roberto Sisini ihr Talent und stellte sie für besondere Projekte ein.

Die drei Blondinen von der Via dei Serragli kannte man bald in allen Cafés und Geschäften der Umgebung und ihr Badezimmerspiegel klebte voll von Einladungen Florentiner Gastgeber. Filippa kochte mit Leidenschaft. Schon früher in Sayn hatte sie Stunden in der Küche verbracht und Gerichte aus aller Welt ausprobiert. Die italienische Küche war ihr am liebsten, doch auch heimische Gerichte kochte sie gern und so wundert es nicht, dass ihre Einladungen bei den italienischen Junggesellen heiß umkämpft waren.

Wir waren ein wenig besorgt um unsere bisher doch sehr beschützte Tochter und wollten unsere italienische Verwandtschaft bitten, ein Auge auf Filippa zu werfen. Gräfin Maria Pia Mazzetti d'Albertis ist eine zweitgradige Cousine meiner Frau. Sie stammen beide ab von Töchtern des Fürsten Antonio Ruffo della Scaletta und der Donna Ludovica Borghese, der Gräfin Ernestina Schönborn bzw. der Gräfin Teresa Spalletti-Trivelli. Wir wussten, dass Maria Pias Sohn Vittorio ein seriöser Geschäftsmann beim Weinproduzenten und -händler Antinori in Florenz war und sicherlich gelegentlich darauf achten könnte, dass niemand unserer Tochter zu nahe käme. Von ihm selbst, so waren wir zuversichtlich, konnte keine »Gefahr« ausgehen, denn er war verwandt, wenn auch entfernt, vor allem aber als damals 34-Jähriger viel zu alt für unseren Teenager.

Vittorio traf Filippa bei gemeinsamen Freunden, die ihn auf seine junge Verwandte neugierig gemacht hatten. Er zeigte Filippa die Schönheiten der Umgebung und auch die Land-

Filippa und Vittorio frisch verlobt, Bolgheri, August 2000

güter seiner Familie in der Toskana, das mütterliche Montegemoli und Montelopio, ein uralter Besitz der Mazzettis. Immer öfter berichtete uns Filippa schwärmerisch, dass sie mit »Vitto« unterwegs war, und immer mehr begann uns klar zu werden, dass sich da etwas Ernstes und Schönes anbahnte. Zuerst ignorierte ich die Entwicklung, denn meine »Prinzessin« sollte nicht der Erstbeste bekommen, noch dazu so ein »alter Italiener«.

Aber dann brachte sie ihn im Frühjahr 2000 nach Sayn mit und ich war sofort überzeugt und begeistert von seinen Qualitäten und der tiefen Zuneigung und Liebe zwischen beiden. Bald folgte die offizielle Verlobung, zu der Vittorios Familie nach Sayn kam. Das Glück des jungen Paares strahlte über allem und erfasste uns alle.

Und schon begannen die Hochzeitsvorbereitungen. Filippa suchte ein wunderschönes, sehr einfaches Brautkleid in Florenz aus. Doch geheiratet werden sollte in Sayn. Gerade waren wir in der Endphase des Wiederaufbaus unseres Schlosses, das 1945 zerstört worden war. Mit seiner Schlossgastronomie, den Veranstaltungsräumen und einer Suite von Salons sollte es sich hervorragend für eine große Hochzeit eignen, wie sie bei den weitverzweigten verwandtschaftlichen Beziehungen und in viele Länder gehenden Freundschaften des Paares unvermeidlich schien.

Im Frühjahr 2001 erhielt Filippa das Diplom ihrer Akademie. Ihr Professor für Fotografie, Cosimo Bargellini, bestätigte ihr Talent und Filippa zeigte uns mit Stolz eine Serie selbst gerahmter Schwarzweiß-Bilder, die sie für eine Ausstellung vorbereitet hatte. Es wird sie gefreut haben, dass die Bevölkerung von Montegemoli mit diesen Bildern ein Jahr später ihrem Andenken eine Ausstellung widmete.

Bis zu ihrer Hochzeit verbrachte Filippa viel Zeit auf dem Landgut, wo Vittorio und sie zukünftig einmal leben wollten. Montegemoli unweit Volterra ist ein wunderbarer Besitz, gekrönt von der alten Burg der Grafen d'Albertis und einem eng darum liegenden Ort. Filippa hatte sofort viele Ideen, was man aus den ehemaligen Bauernhäusern auf dem Gut allmählich machen könnte, hatte sie doch ihr Leben lang zu Hause miterlebt, wie aus einem kleinen Gutsbesitz ein kommerziell betriebener Fremdenverkehrsbetrieb entwickelt werden kann. Zu ihren zukünftigen Mitbürgern suchte sie schnell Kontakt. Diese waren zuerst sehr neugierig auf die Fremde, begannen sie dann aber bald mit ihrer unbefangenen, offenen und freundlichen Art in die Herzen zu schließen.

Im Mai 2001 lud Vittorios Großmutter Contessa Ludovica d'Albertis Hunderte von Gästen zu Ehren von Filippa und Vittorio zu einem großen Empfang in ihren Palazzo Rasponi Murat nach Ravenna ein. Filippa war sehr stolz, ihren deutschen Freunden dieses Juwel im Herzen einer der kulturträchtigsten Städte Italiens zu zeigen. Der Palazzo gehörte einst Napoleons Schwager Marschall Joaquin Murat, einem direkten Ahnherren von Vittorio und einige Jahre lang König von Neapel. Noch völlig eingerichtet im Stil des Empire bot er die Kulisse für eine Festlichkeit, wie sie nur noch Italien bieten kann. Was wird Murat, auf einem prächtigen Gemälde von Jacques-Louis David dargestellt, wohl gedacht haben, dass hier sein Nachkomme Vittorio mit Filippa feierte, einer Ururururgroßenkelin seines großen Widersachers bei den Befreiungskriegen, dem russischen Kavalleriegeneral Graf Peter Sayn-Wittgenstein, der ihn am Tag vor der Völkerschlacht von Leipzig in dem größten Reitergefecht des Feldzugs eine Schlappe beigebracht hatte? Er wird sich, wie wir alle, gefreut haben, dass Europa mit dieser Verbindung weiter zusammenwächst!

Einen Monat später kam dann der schönste Tag in Filippas Leben. Am Sonntag, dem 10. Juni durfte ein unendlich stolzer Vater sein »Filippchen« zum Altar in unsere altehrwürdige Abteikirche führen. Trotz einer rauschenden Brautsoirée am Vorabend im Schloss war sie an diesem Festtag der Traum von einer Braut. Das Diadem aus der Familie des Bräutigams krönte ihr Haupt, ihr strahlendes Gesicht war eingerahmt von einem Schleier, den schon meine Vorfahrin, die schöne Fürstin Leonilla vor knapp 200 Jahren getragen hatte. Die lange Schleppe trugen sechs kleine Cousins und Cousinen des Brautpaares. Der Sayner Kirchenchor sang die Missa brevis in C-dur von Charles Gounod. Bevor mein Vetter Johannes zu Eltz, Domkapitular in Limburg, die Trauung vollzog, redete er in einer brillanten Predigt seinem Brautpaar in die Herzen: »Per il momento non siete capaci di portare il peso«, »Noch könnt ihr das Gewicht nicht ertragen«. Er meinte das Gewicht der Botschaft des Herrn an seine Jünger, die unerträgliche Wahrheit des bevorstehenden Todes, seines Todes am Kreuz.

Anschließend zog die Hochzeitsgesellschaft durch den geschmückten Ort zum Schloss, vorbei an jubelnden Menschen, die Blasmusik voraus und eskortiert von den Sayner Ortsvereinen. Dort feierten Filippa und Vittorio den hoff-

nungsvollen Beginn ihres gemeinsamen Lebens im Kreise unzähliger Verwandter und Freunde aus aller Welt, aber auch vieler Sayner Mitbürger und aller Mitarbeiter unserer Betriebe.

Am nächsten Tag flog ein glückliches, aber erschöpftes Paar in die Flitterwochen nach Südostasien.

Die Augusttage verbrachten die jung Verheirateten in der Maremma. Bald lernte Filippa auch ihre entfernte Verwandtschaft kennen, die Markgrafen Incisa della Rocchetta und die aus Ungarn stammenden Grafen Hunyady. Priscilla, Marchese Niccoló Incisas Tochter, und ihr Vetter Stefano Hunyady wurden schnell zu guten Freunden, die Filippa unbedingt mit ihren Geschwistern Heinrich und Alexandra bekannt machen wollte, als sie in den Ferien zu Besuch kamen. Ob Filippa geahnt hat, dass sie damit das Samenkorn gesät hat für eine Liebe, die Heinrich und Priscilla schon im Sommer 2003 an den Traualtar führen sollte?

Das letzte Mal sah ich Filippa lebend am 9. September im Schloss Pommersfelden, als mein Schwager Graf Albert Schönborn seinen 50. Geburtstag feierte. Sie war nicht mehr der Teenager, der nach Florenz zog, um die Welt kennen zu lernen. Sie war eine reife, bildhübsche junge Ehefrau, glücklich mit ihrem Vittorio und stolz, dass sie ihn zum Mann hatte. Sie brachte mir einen ersten Packen von Dankeskarten für Hochzeitsgeschenke mit, die sie schon für die Sayner Vereine und unsere Mitarbeiter geschrieben hatte. Die Freunde konnten noch warten. Beim Abschied gab es einen flüchtigen Kuss, ein Kreuz auf die Stirn und einen kurzen, aber unvergesslichen Blick in ihre wunderschönen Augen.

Am Sonntag, dem 30. September, gingen wir zur Messe in die Sayner Kirche. Vor uns saß ein älteres Ehepaar, das gerade einen Sohn, den beliebten Arzt unseres Krankenhauses, verloren hatte. Ich fragte mich, warum Gott gerade diese Familie getroffen hatte. Wie hatten wir das Glück verdient, sieben gesunde Kinder um uns zu haben?

Salzburg, 21. September 2001

Gegen 12:00 Uhr rief unser Hausmädchen Moni Wendt an, die Polizei stünde vor der Tür und wollte mich sprechen. Ich bat sie ins Schloss zu kommen, aber sie meinten, es sei wichtig, ich solle besser nach Hause kommen. Oft genug hatte ich schon auf einem Radarbild mich oder ein anderes Familienmitglied identifizieren müssen und so beschäftigte mich auf dem Weg nach Hause der Gedanke, wer denn nun wieder zu schnell gefahren sei.

Ein Fax der Deutschen Botschaft in London teilte mit, dass Filippa tot war. Mein Gott. Kurz nach Mitternacht war sie gestorben, man fand nachts keine Papiere bei ihr, die Nummern ihres Handys gaben keine Antwort.

Filippa war mit dem Meisterfotografen Roberto Sisini auf ihrem ersten Auslandsauftrag im Südwesten Englands gewesen. Man hatte mit einem Team aus London Modeaufnahmen gemacht und war einige Tage mit einem Campervan unterwegs gewesen. In der Nacht, am Rückweg nach London schickte Filippa eine letzte Nachricht an ihre Mutter: »BIN CORNWALL AM VERLASSEN, SO TRAURIG, WEILS SO PRACHTVOLL IST! SO VIELE SCHÖNE PLÄTZE GESEHEN UND NETTE MENSCHEN KENNEN GELERNT!! NEUE FREUNDE. HAT SICH ECHT GELOHNT, SEHR VIEL GELERNT! SEHR GLÜCKLICH, DASS ICH BALD WIEDER NACH HAUSE KANN + FROH DIESE GROSSE ERFAHRUNG GEMACHT ZU HABEN! KOMME HEUTE NACHT ZURÜCK NACH LONDON.«

Kurz danach überließ Filippa ihren Platz Paula Hughes, weil diese noch am Laptop arbeiten wollte. Filippa legte sich auf die Sitzbank zum Schlafen. Auf der anderen Seite des

Tisches schlief Roberto Sisini. Es war ruhig auf der M5 vor Bristol. Ein böiger Wind blies vom Meer herüber.
Die Trümmer des Campervan blockierten die Autobahn bis zum Tagesbeginn. Der jugendliche Fahrer der Werbeagentur war ungebremst auf ein Baustellenfahrzeug aufgefahren, das am Straßenrand gut beleuchtet Material ablud. Paula und ein anderes in ihren Sitzen angeschnalltes Mädchen blieben unverletzt, der Fahrer überlebte mit gebrochenen Beinen. Filippa und Roberto waren sofort tot.

Am nächsten Tag haben wir Filippa zum letzten Mal gesehen. Vittorio war mit seinen Geschwistern und einem Freund nach Bristol geflogen, ich kam mit Casimir aus London gefahren. Meine Frau blieb zu Hause und erwartete die Heimkehr unserer anderen Kinder.

Wir fanden Filippa aufgebahrt. Zufrieden und stolz sah sie aus. Schön wie eine schlafende Königstochter im Märchen – wo war nur der Prinz, der sie wachküssen würde?

Am darauf folgenden Samstag wurde Filippa in Montegemoli zu Grabe getragen. Die kleine, alte Kapelle in einem Zypressenhain sollte eigentlich die Taufkapelle ihrer Kinder werden. Jetzt wurde sie dorthin gebracht, nach einem Requiem in der Dorfkirche, in einem langen Trauerzug. Vorneweg die örtliche Blaskapelle in bunten Uniformen, dahinter ein alter Karren, gezogen von zwei langhornigen weißen Ochsen aus der Maremma. Genauso hätte sich Filippa den Abschied aus diesem Leben gewünscht.

Später hat ihr ihre Familie einen schönen, schlichten Sarkophag aus grauem toskanischen Naturstein errichtet, mit den Wappen ihrer beiden geliebten Familien. Auf der Platte steht, eingerahmt von zwei Engeln aus Sayner Kunstguss, eine Zeile aus ihrem Tagebuch: »Ich will dich lieben, achten und ehren in alle Ewigkeit, in Regen, Gewitter und Sturm, bei Sonne, ob du da bist oder nicht, über den Tod hinaus. *Filippa.*«

Eine Woche später trugen Vittorio und ich das lebensgroße Bild einer strahlenden Braut, mit dem Brautstrauß zum Abschied winkend, durch die Straßen von Sayn, ihre Mutter und Geschwister mit schweren Herzen an der Spitze eines endlosen Trauerzugs von der Abtei zum Schloss ...

An einem wunderschönen Ostertag 18 Monate später besuchten wir Vittorio in Florenz. Seine Familie hatte dem Brautpaar schon nach der Verlobung eine Wohnung in einem reparaturbedürftigen Gutshaus in den Hügeln am südlichen Stadtrand von Florenz gekauft. Filippa hatte uns später, an einem kalten, verregneten Wintertag die Baustelle gezeigt. Voller Fantasie und Vorfreude führte sie uns durch die noch auszubauenden ehemaligen Speicherräume hinauf auf den alten Wohnturm, von dem man einen Blick hinüber auf die Stadt und die schneebedeckten Berge des Apennin werfen konnte. In dem großen Olivenhain um das Haus sollte einmal ein Schwimmbad entstehen und ein Spielhäuschen für die Kinder. Gemeinsam mit Vittorios Bruder Giuseppe, einem Architekt aus Rom, hatte sie jedes Detail ihres zukünftigen zu Hauses geplant. Filippa hatte ein Faible für Inneneinrichtung. Sie wollte es bunt haben, schilf-grün angemalte Balkendecken im Schlafzimmer, ein bordeaux-

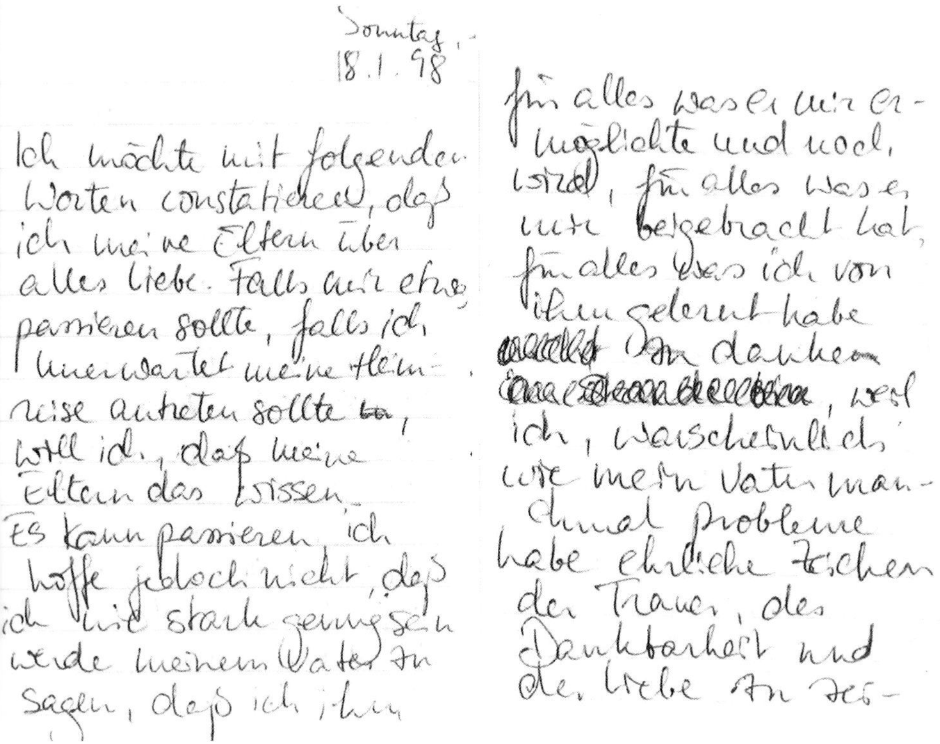

Sonntag, 18.1.98

Ich möchte mit folgenden Worten constatieren, daß ich meine Eltern über alles liebe. Falls mir etwas passieren sollte, falls ich unerwartet meine Heimreise antreten sollte, will ich, daß meine Eltern das wissen. Es kann passieren. Ich hoffe jedoch nicht, daß ich nie stark genug sein werde meinem Vater zu sagen, daß ich ihm für alles was er mir ermöglichte und noch wird, für alles was er mir beigebracht hat, für alles was ich von ihm gelernt habe [illegible] zu danken [illegible], weil ich, warscheinlich wie mein Vater manchmal Probleme habe ehrliche Zeichen der Trauer, der Dankbarkeit und der Liebe zu zei-

Tagebucheintrag vom 18. Januar 1998

rotes Esszimmer und, ganz wichtig, einen großen Salon mit »cathedral ceiling« und offenem Kamin.

Jetzt war die Wohnung endlich fertig, genauso wie es sich Filippa vorgestellt hatte. Noch nicht ganz eingerichtet, denn viele Hochzeitsgeschenke liegen noch unausgepackt in Sayn. Wir waren die ersten Gäste. Unser Schwiegersohn bereitete uns in der Küche das Frühstück, bevor er ins Büro musste. Die Wände schmückten Filippas Aquarelle ...

Immer wieder überkommt uns der Schmerz, ohne Filippa leben zu müssen, sie nicht dort anzutreffen, wo sie heute sein könnte – nicht an Vittorios Seite, nicht als Mutter einer wachsenden Kinderschar, nicht als unsere Gastgeberin in der Toskana, auch nicht mehr am Telefon für eine Plauderei. Wir verdanken ihren Tagebüchern und Notizen, dass unsere Erinnerung an sie wach bleibt, an ihr glückliches Leben im Herzen unserer Familie.

Am 2. Juni 1998 schrieb sie auf, wo sie heute sein würde: »Noch weiß ich nicht, wann ich gehe. Gehe ich bald, so wisst, dass ich euch alle liebe und sicher unendlich vermissen werde. Ich wollte immer alles gut und recht machen, hab's oft nicht geschafft. Schafft ihr es gemeinsam für mich, mit mir. Ich bin da, wo ihr, meine Lieben, sein werdet. Und bis wir uns wiedersehen, behüte euch Gott ...«
Wir freuen uns auf dich, liebste Fipsi!

Alexander Sayn-Wittgenstein

Bildnachweis

6	*Foto: Thomas Frey, Frey Pressebild*
16	*Foto: Etienne Henri Hunyady*
18	*Foto: Marianne Sayn-Wittgenstein*
47	*Foto: Friedrich Oettingen-Wallerstein*
85, 87, 89, 91, 93, 95	
	Aquarelle von Filippa Sayn-Wittgentstein, 1995-97
85	*Burg Sayn (vgl. S. 73)*
87	*Amaryllis*
89	*Mohnfeld*
91	*Wüstenvariation (vgl. S. 111, „Der englische Patient")*
93	*Allee*
95	*Winterlandschaft*
105	*Foto: Marianne Sayn-Wittgenstein*
147	*Foto: Cosimo Bargellini*
165, 167, 169, 171, 173, 175	
	Fotos: Filippa Sayn-Wittgenstein
165	*Toskana 1999*
167, 169	*Luriano 2000, S. 169: „Ein Hund und eine Krone"*
171	*Filippas Auto*
173	*Filippas Freundinnen Daisy und Marie Caroline im Boboli-Garten, Florenz 2000*
175	*Toskana 1999*
181	*Foto: Bernhard Szwejk*
188	*1. Foto: Frank Seeger, Albstadt; 2. Foto Marianne Sayn-Wittgenstein; 3. Foto: Frank Seeger, Albstadt; 4. Foto: privat;*
189	*5. Foto: privat; 6. Foto: privat; 7. Foto: Marianne Sayn-Wittgenstein; 8. Foto: privat; 9. Foto: Valerie Eberhardt*
195	*Foto: Alexandra Sayn-Wittgenstein*
199	*Foto: Marianne Sayn-Wittgenstein*
201	*Foto: „Noch eine Woche zu leben …" Marianne Sayn-Wittgenstein*
208	*Foto links: © Ludwik Erdmanski; Foto rechts: privat*

Die Herausgeber

Alexander Fürst zu Sayn-Wittgenstein-Sayn und
Gabriela Fürstin zu Sayn-Wittgenstein-Sayn
sind Eltern von sieben Kindern und leben in Sayn bei Koblenz.
Nach Abschluss der Harvard Business School arbeitete Fürst Alexander als Investment Banker. Heute verwaltet er seinen Betrieb in Sayn mit dem in den letzten Jahren wieder aufgebauten Schloss und der Burg Sayn.
Fürstin Gabriela, geborene Gräfin von Schönborn-Wiesentheid, war viele Jahre in der Kommunalpolitik tätig und leitet heute ihren weithin bekannten Garten der Schmetterlinge im Sayner Schlosspark.
Beide bekleiden zahlreiche Ehrenämter im kulturellen und sozialen Bereich.

Vittorio Graf Mazzetti d'Albertis heiratete im Juni 2001 Prinzessin Filippa zu Sayn-Wittgenstein-Sayn. Seine Familie lebt in Rom und in der Toskana. Der Doktor der Agrarwirtschaft ist heute bei einem renommierten Weinproduzenten in Florenz tätig.

27. 4. 95

BLÖD

Wie gesagt, wenn jemand eines Tages meine Geschichte liest sollte er oder sie (der heutigen emanzipation zuliebe) wissen daß ernsthafte, wichtige Gedanken nie in ihrer Vollständigkeit zu Papier gebracht wurden. Insofern man diese Gedanken, fast alle in ~~eine Schublade einzuordnen gehörend~~ die selbe Richtung gehend, in dem Alter als wichtig od. ernsthaft bezeichnen kann Aber etwas von diesen Gedanken, wenn auch nicht alles musste aussortiert werden, der Rest wurde vergessen od. verdrängt. let's just forget about those thoughts. I feel like writing a little Steckbrief, okay?, okay!